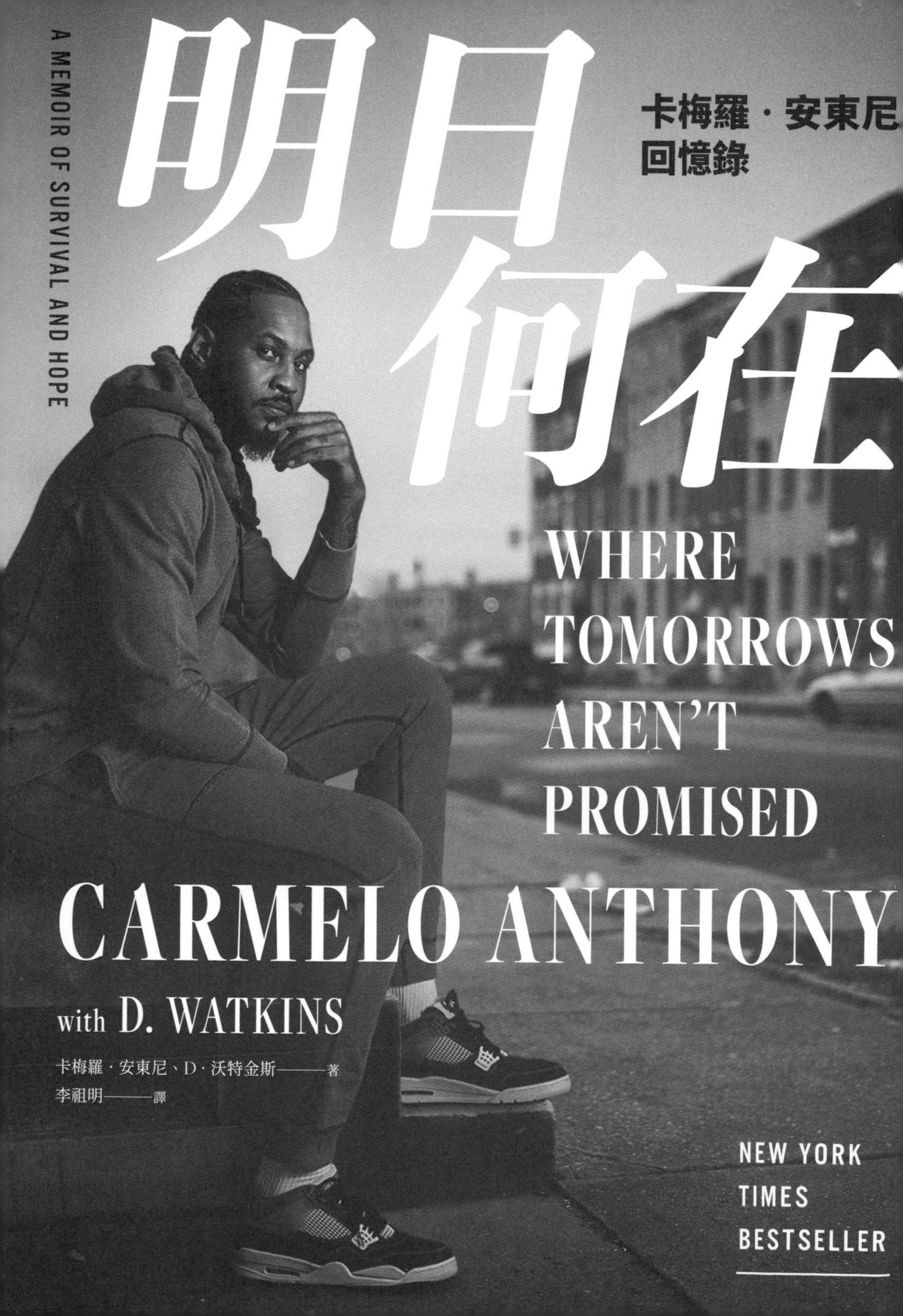

A MEMOIR OF SURVIVAL AND HOPE

明日何在

卡梅羅·安東尼
回憶錄

WHERE TOMORROWS AREN'T PROMISED

CARMELO ANTHONY

with D. WATKINS

卡梅羅·安東尼、D·沃特金斯——著
李祖明——譯

NEW YORK TIMES BESTSELLER

目錄

第二部

巴爾的摩

人生有著比人們口中更多的可能性，獻給每一個明白這個道理的孩子。

提醒閱讀本書的讀者，

本書中的某些人名為化名，且部分對話是從記憶中重新拼湊而成。

麥迪遜廣場花園

紐約州紐約市

二〇〇三年選秀之夜：四處閃耀著閃爍的燈光、響起了相機的快門聲。房間裡越來越擁擠。隨著越來越多人湧入會場，我移動到另一個房間，人潮也跟著動了起來。每個人都看起來既緊張又雀躍。我們之中的大多數人將嘗到鯉魚躍龍門的滋味，在一夕之間擺脫糾纏了我們一生的貧窮。

「卡梅羅（Carmelo）——這裡、這裡！看這邊，這邊！」一群攝影師們喊著。在這個房間裡，除了球員之外的每個人都拿著麥克風和攝影機。我一而再、再而三地聽到有人對我說：「這是你重要的一夜。」那些出現在《ESPN》上的球評、主播，那些我早已從不知多久以前就在電視上看過的人們，現在都活生生地出現在此地。他們拿出更多的麥克風對準了我、勒布朗・詹姆斯（LeBron James）、德韋恩・韋德（Dwyane Wade）以及每位穿著量身訂製的西裝、人高手長的新星。我是怎麼有這一天的？

「你覺得今晚會如何發展？」採訪我的記者們詢問，「你覺得你最後會去哪一隊？你現在興奮嗎？」我現在興奮嗎？我原本是個在社會底層、出身於美國環境最惡劣的公共住宅並掙扎著的黑人小孩。今晚，站在這裡的我，是有機會成為NBA選秀前五、前三甚至前二順位的人選。我現在興不興奮？我真希望這些鏡頭、記者和主播可以放過我一分鐘，等我恢復冷靜。我覺得急速跳動著的心臟，都快從衣服裡蹦出來了。

我興奮，但同時也對即將到來的新生活感到緊張與好奇。自我有記憶起，我的媽媽就一直在同時幹著兩份差事。現在我可以照顧她，買房子、車子、貂皮大衣或任何她想要的東西給她，這讓我激動不已。同時，我也感到五味雜陳，因為我的生活中經歷了太多挫折、悲慘結局和創傷。我知道，我有經紀人，我帶領了雪城大學橙人隊（Syracuse Orange）贏得隊史第一座NCAA冠軍。我知道，我贏得了最傑出球員獎。我獲邀參加選秀，被預測將會在高順位被選中，也為此盛裝出席。然而，這一切都不能保證我會被選上。

我的哥哥賈斯（Jus）和大哥狼哥（Wolf）一直是我的後盾，如果他們不在，我可能會更緊張、不安。不管那天晚上發生什麼事，我知道他們都在這裡情義相挺。我瞥了他們一眼、看了看他們的腳，他們都穿著光滑的硬底鞋，可能都和我一樣覺得彆扭，因為我們都沒有穿過西裝。我敢打賭，儘管這個隆重儀式是為出席這場盛會的運動員而辦，但他們之前大都從未如此正式地打扮過。

我媽媽也在，她是我的支柱、是我所認識最堅強的女性，她和我敬愛的大姊蜜雪兒（Michelle）作伴。在我緊張時，她們的支持與愛能讓我吞下一顆定心丸。如果我能成為一個了不起的人、有能力給予她們任何應得事物，這一切都值得了。即使我被火星的球隊選上，若是我的媽媽與蜜雪兒答應和我同行，我也會欣然前往，因為我知道一切都會平安無事。房間裡，還有許多人們和他們的家庭。我想像著我對家人的愛是否和其他家庭之間的愛如出一轍。他們或許等待這個與家人共享榮耀的時刻等了一輩子。我好奇，他們覺得自己能夠融入這個場合嗎？還是也因為過去的經歷而覺得自己與這裡格格不入？

絕大多數的籃球選手終其一生都在夢想著這個夜晚——挑選他們要穿哪套西裝、背誦他們的講稿、希望並祈望他們不會遺漏每一個要提到的人。從還是個孩子時，他們可能就彩排過這個瞬間。他們會穿上小號的運動外套、戴上最愛球隊的球帽、昂首闊步地走在客廳的地毯上，然後假裝與大衛．史騰（David Stern）握手。他們早就想好該做什麼準備，因為NBA是大家的目標，而在座的每個人都實現了這個目標，美夢成真。燈光持續閃爍，夜色也越來越深。勒布朗很興奮，韋德也是。我甚至為他們感到激動，他們或許也一樣為我感到歡欣鼓舞，認為我也達成了自己的夢想。但滑稽的是，打進ＮＢＡ並不是我的夢想。

我和大部分籃球選手不同，我從未如此醉心地想像這一天、這套西裝或是與大衛・史騰握手的這一刻。別誤會，能得到這些機會，我很感激。但直到這一切真的發生，我才感受到了它的真實感。我不確定，是因為我不希望發生期望越高、失望越大的結果，還是我覺得這太不真實，或是因為對我來說，這種頂尖球員的待遇來得太快。我只知道我從未想過這件事。我從未讓自己迷失在一個很有可能被輕易奪走的夢想。所以，在這個情境下對我而言最恰當的問題不是我興不興奮。我這個被粉碎了這麼多希望、夢想與期待的孩子，是怎麼成功地走到這一步的？——才是最能夠直指核心的問題。

第一部

布魯克林雷德胡克區（RED HOOK, BROOKLYN）

第一章　一九八九年，布魯克林雷德胡克區

「小捲毛！好了啦，小羅（Chello），離開球場！」他們對我叫喊著。

「誰來抓住他，一直他媽的在干擾比賽！」

我笑著穿過那些比我年長的人們，他們穿著球衣、撕去袖子的上衣、五顏六色且高低筒不等的耐吉（Nike）與愛迪達（Adidas）球鞋，在這塊水泥地上，我撞出了無數的擦傷和瘀傷，它們是我的勳章。我越過路邊，走進了公共住宅大樓，回到我的家。在位處於雷德胡克區西區洛琳街（Lorraine Street）七十九號的公寓，我們住的一C室，對鄰里而言有如麥加聖地。

大家都知道，一C室是個充滿了愛的地方。如果你需要食物、建議或任何東西，就來一C室吧。在這棟大樓裡，我們是最受歡迎的一家人，總是有來自公共住宅區中各個角落的訪

客湧進我們的家。訪客們都想和我的兄弟姐妹們消磨時間、吃我媽做的飯，或是單純來串門子，因為我們就是這樣的家庭。

我的母親持續實行著門戶開放政策，不論是任何情況，都不會將任何人拒於門外。我無法想像媽媽是從哪裡找來這麼多錢照顧這麼多人，但她就是有辦法。

一C室很大，有三個臥房。對我來說，它就像是個有無限空間的閣樓，就算有七個人和我們一起住，或是在特別節日的晚餐時間、家庭派對或是任何家族活動，人們塞滿了我們的廚房和客廳時，我都從來沒有覺得我們家小過。它的空間不僅足以供我睡覺、吃飯、讀書以及和接連來訪的住客打成一片，更是綽綽有餘。我們是雷德胡克區最有名的家庭之一。從殺手到黑幫、從孩童到長者，以及你能想到的三教九流，都因為各自的理由來到這棟公寓、拜訪過我家。我們歡迎他們，讓他們用我們的盤子、杯子吃飯喝酒，讓他們在客廳休息。我愛我們的家。在這棟公寓中我最愛的一角是側窗，從這兩個方框中，我能夠將每一個我觸手不及的遙遠彼方盡收眼底。

在我還小得沒辦法獨自出門玩耍時，我就是從這個窗口瞭解這個世界。我聽到人們訴說著故事、時事、笑話和創傷。那些站在側窗旁的人們，將這些訊息傳進窗內。他們的觀點和對社會的價值觀比電視上的節目更具娛樂與啟發意義。我充滿好奇心的幼小心靈所想知道的一切，都因他們得到了滿足。雨水從哪裡來、金錢、鄰里關係、社區關係、警察、校園、毒品、誰制定了法律——以及我們為什麼要以這種方式生活，我的心中有著五花八門的問題。所有的答案，都從窗口傳了進來。

我的視線高度只到窗框底部，但在把舊音箱推到牆邊，用我瘦小的身軀爬到音箱上面後，就能夠從黑色的鐵欄杆間窺探窗外。我可以看到人們打籃球、做著美夢、唱饒舌和過著他們的生活。在咧著嘴笑、玩著撲克牌與花式跳繩的女孩們吆喝下，身穿Pelle Pelle牌醒目夾克的皮條客們進行著毒品的買賣。開心地拿到貨的毒蟲，急切地想隱身在黑暗中大吸特吸。男孩們比著賽跑。警察們則最愛在這種時候濫用他們的權力、掏出警棍驅趕開心的人群。比我稍微年長的孩子們，分散在我一直想去的操場中。我已經等不及想加入他們了。

有時候，我會看著蜜雪兒姐姐是怎麼在跳花式跳繩時獨領風騷，她有著芭蕾舞者般的步法，也不吝於將自己的動作傳授給其他年輕女孩。主宰全場的她，總是被人群簇擁著，他們研究她、關注她的一言一行，我總是在離她有一段距離的地方，想像著她在說些什麼。這也或許是我需要知道的訊息，讓我學習她的生存技能與她的酷炫，這些令她如此迷人的特質。我以前常看我的哥哥賈斯提斯（Justice）和朋友們賭博，他們超愛玩骰子。他會用右手不停地搖晃著手裡的三顆骰子，後退一步，把牛仔褲的底部捲起來、捲到小麥色靴子的上方，然後把骰子扔往滿是塗鴉的水泥牆上。他身邊的人們不約而同地揮舞著手中的鈔票、發出陣陣吼叫聲。籃球場在另一邊，我的大哥，「大狼哥」（Big Wolf），在那裡技壓群雄。在場上來回穿梭的胯下運球、強力的肩膀碰撞、背框單打、後撤步、後仰跳投，或者任何你想得到的招式，狼哥都使得出來，而且他也很想用他的十八般武藝在球場上料理對手。沒有人守得住狼哥。在狼哥休息時，大夥們會跑來窗邊要水喝，我會很高興地遞水給他們。「小羅，寶貝老弟，我那杯要加冰塊！」有時，蜜雪兒和賈斯提斯會放下手邊的事，晃到窗邊來看看我，我很開心，因為他們對我來說就像全世界。他們三人直接或間接地教導了我如何表達愛、做個謙虛與永遠有誠信的人，這些教誨不僅在我年輕時指引著我，至今也依然令我受用無窮。

雷德胡克區有著一種獨特的美。這種美不僅體現在我們公共住宅區的建築架構或是建設規劃中，更體現在我們黑人與棕色人種如何融入美國社會，甚至是我們如何彰顯出在這個社會中遭遇的現實問題上。種族主義、差勁的學校、狡猾的警察、年輕人找不到正確的出路、家長們的工作機會受限，再加上種種阻礙著我們的負面條件，這本應令我們感受到永無翻身之日的絕望，然而，我們不僅還是生存了下來，甚至還有人活出了生命的色彩。

儘管鄰里間充滿紛擾，但年幼的我很容易就能感受到家庭與社區帶來的所有美好。不過，我並沒有天真到對我家周遭不美好的一面視若無睹。我看到有人在籃球場上因一個錯誤的吹判大打出手，有人掏槍，也有人搶奪著彼此的財物。在這種情況下，我們會一起坐在門廊上，仔細地觀望發生了什麼事。如果我們有能力的話，就會幫助受害者。此時，我們也會看著全家人是怎麼行動的，因為這也是雷德胡克區的風貌之一。在這裡，危險與美麗並存，兩者無法分離。

第二章　雷德胡克區的簡史

如果你經過我家附近，就會看到一棟棟高大的磚房，裡面住的都是黑皮膚與棕色面孔的人們。我知道紐約還有其他人種，在美國，紐約是種族、民族與文化最多元的城市。然而，我家附近每個人的膚色都和我大同小異，即使我當時只有五歲，還是一直想知道為什麼。我總是如此，只要看到什麼，腦袋瓜裡就會冒出問題，然後就會很執著於釐清事情的來龍去脈。在我很小的時候，我大多從賈斯、蜜雪兒和媽媽身上得到答案，如果狼哥也在，我也會問他。長大後，我接觸到書本與歷史，學會怎麼自己挖掘出答案。我想瞭解，為什麼黑色皮膚與棕色皮膚的人們會生活在一起？誰安排我們住在雷德胡克區、誰把我們送到這個公共住宅區、白人在哪裡、現況是怎麼演變而來的？

我學到，荷蘭人在十七世紀建立了我現在住的社區。這個在布魯克林的地區，當時名叫

「紅色角落」（Roode Hoek），也就是「紅點」（red point）之意。會取這個名字，是因為這裡有著紅色的黏土土壤，而且形狀像個鉤子。在布魯克林區的地圖上，這個地區看起來就像是根彎曲的手指。從布魯克林的海岸延伸出來的雷德胡克區，被上紐約灣三面環繞著。

從一八〇〇年代中期到一九〇〇年代，鄰近水域的雷德胡克區成為了一個繁榮的工業區。義大利裔和愛爾蘭裔的碼頭裝卸貨工人們，為了代表著金錢與土地的美國夢而奮鬥。這些移民將雷德胡克區視為一個既能團結彼此、保留母國傳統，也能享受到紐約一切福利的地方。

一九四四年六月二十二日，富蘭克林・羅斯福總統（Franklin D. Roosevelt）簽署了美國軍人權利法案（Servicemen's Readjustment Act），也就是為人所知的退伍軍人法案（G.I. Bill）。這是羅斯福新政之一，企圖藉此從經濟大蕭條中解救美國，並援助從二次世界大戰中回鄉的退伍老兵。有更多醫院因這項法案而興建，它也提供了無首付的低利息抵押貸款，並資助想上大學的退伍軍人學費與生活費。從一九四四到一九四九年，將近有九百萬名退伍軍人從該法案的失業救濟政策領取了約四十億美金。

非裔美籍的退伍軍人們以為他們回家也能享受到這些福利。他們也在二戰期間離鄉背井，與白人士兵並肩作戰、保衛美國。我想像他們做著與家人團聚、買地、建造美麗家園與接受高等教育的美夢。記住，奴隸制度大約才剛在他們的上一代結束。如果他們來自南方，他們的父母很可能是佃農，祖父母則曾是奴隸，所以這場戰爭讓他們懷抱著希望。這將是他們第一次有機會實現我們國家宣揚的美國夢——擁有自己的財產、取得更高的社會地位。但戰爭結束後，種族主義的醜陋風暴朝著他們的希望與夢想席捲而來。

許多非裔美國人為了承諾的學費補助而奮戰，然而這筆理應獲得的補助遭到了剝奪。因為種族隔離的關係，獲得所謂大學保證金的幸運兒並沒有多少學校可以選擇。在住房方面，我們也可以看到相同的情況。銀行以膚色為由拒絕提供非裔美籍退伍軍人融資保障，因此他們永遠無法為家人打造夢想中的家園。白人們把退伍軍人法案的錢通通拿走了，並將這些錢當成發展住宅區的種子。這為白人奠定了足以代代相傳的財富基礎，被拋棄的黑人們卻得在美國大城市裡自生自滅。那麼，在羅斯福歷史性的新政中到底給了黑人什麼？答案很簡單：公共住宅計畫。

阿佛雷德・伊斯頓・普爾（Alfred Easton Poor）來自馬里蘭州巴爾的摩（Baltimore, Maryland），他是因設計多項私人與聯邦住宅計畫而聞名的知名建築師。包括賈維茨聯邦大樓（Jacob K. Javits Federal Building）、詹姆斯・麥迪遜紀念大樓（James Madison Memorial Building）與萊特兄弟國家紀念館（Wright Brothers National Memorial），都是出自他手。一九三九年，普爾便設計了四十畝的雷德胡克公共住宅區，雖然退伍軍人法案在幾年後才會簽署，但那也是羅斯福當政的時期。我們的住宅區由雷德胡克東區與雷德胡克西區這兩個相連的建築組成，也因此成為布魯克林最大的住宅區。雷德胡克東區有十六棟公寓大樓與三棟非住宅建物。我家所在的雷德胡克西區，除了有十四棟公寓大樓與一棟非住宅建物，還有一個水泥地運動場、幾個老舊且籃框沒有籃網的戶外球場，這簡直就是栽培我們打球的天然培養皿。

一開始，整個雷德胡克區都是愛爾蘭與義大利裔家庭。到了一九六〇年代，貨櫃船運開始取代散貨船運，許多原本在雷德胡克區港口及周邊的工商企業都搬到了紐澤西（New Jersey）。失業就像傳染病一樣蔓延，附近的住宅區也進入人口衰退期，這也給了非法份子迅速發展的機會。

隨著黑人與波多黎各人開始入住，許多愛爾蘭與義大利裔家庭也紛紛離開。剩下的義大利與愛爾蘭家庭在以白人為主的區域建立了社區，那裡被我們稱為是雷德胡克區的「後方地帶」（Back）。我被灌輸了那裡的人們都憎恨黑人的思想，也學到要離那裡越遠越好。「永遠別去『後方地帶』，那裡的人都心懷狂熱的種族主義。」我的哥哥賈斯總是這麼說。只要有黑人和波多黎各人混進白人社區，似乎總是會有恐怖的事情發生。我的童年因無數種族主義煽動的犯罪故事而充滿恐懼，而凱文・提格（Kevin Teague）的故事最令我印象深刻，這個故事我聽人們講了好幾次。提格是個黑人郵差，那時的他一邊處理自己的事情，一邊走出地鐵站。在回家的路上，他被四個白人種族主義者打得半死。這四個人在麥當勞和另一群黑人發生了爭執，但提格根本不認識那群人。提格的傷口需要縫十三針才能癒合，他的眼睛受到了重創，而且還被其中一名攻擊他的人開車撞傷。儘管這些事實擺在眼前，即使這顯然是一次蓄意謀殺和散播仇恨的犯罪行為，布魯克林的州最高法院法官艾倫・D・馬魯斯（Alan D. Marrus）卻認定襲擊他的安東尼・馬斯庫奇歐（Anthony Mascuzzio）、拉夫・馬薩托（Ralph Mazzatto）與阿爾馮斯、安德魯・拉索兄弟（Alfonse and Andrew Russo）無罪。簡而言之，如果你是個來自雷德胡克區的黑人，就要知道這個社會大概就是這麼運作的。這些故事使我哥警告我遠離那些地方的話有了更多的分量。雷德胡克區的後方地帶早在我出生之前就已經因種族歧視而聲名狼藉，不幸的是，這一點直到現在也沒有改變。更糟的是，這個社會體系正如馬魯斯法官精準呈現的那般，不僅為這種種族歧視的行為背書，還引以為傲。如果你不是白人，還生活在與雷德胡克區相似的地方，那你最好要有心理準備，會在司法審判時受到這種一面倒的差別待遇。

我在一九八四年五月二十九日來到這個世界，這時的雷德胡克區依然處於一個經濟嚴重衰退的境地，住在這裡的黑人幾乎看不到希望。在一九八八年，布魯克林經常因暴力事件成為全國關注的焦點。《生活》（Life）雜誌甚至用了九頁篇幅的封面故事報導我的社區，還將其冠上「美國毒品之都」的稱號。當時的我對這一切以及我降生的世界一無所知。這一天，我的媽媽告訴大家，我會是她的最後一個小孩，而我的哥哥姊姊們都因為要有一個新弟弟而興奮不已。

第三章　家人

我爸在我兩歲時死於癌症，有鑑於此，我的回憶裡，沒有人帶我展開像是迪士尼電影中的釣魚之旅，沒有他從我的腳踏車卸下輔助輪、看著我騎車在洛琳街衝刺的故事，也沒有他教我身為一名黑人、波多黎各人或兩者皆是的雙重身分下，在美國因此遇到一些瘋狂的狀況時該如何應對進退的印象。

他留給我的，是一條上面有耶穌圖案的小金項鍊。我很珍惜這條項鍊，每天都戴著它，從來沒有把它塞進上衣裡。無論走到哪，我都驕傲地戴著它，因為我從未有過機會認識我的父親，而這是他留給我的唯一一件物品。這條項鍊連結著我與他，我的媽媽總是告訴我：「別讓任何人碰它！」她知道，隨著我長大，這條項鍊之於我的價值也會隨之增長。大多數時候，我都將她的話謹記在心。有一天，我的好友泰瑞（Tyree）說：「唷，捲毛，項鍊能借我一下嗎？」

「不行啦，兄弟，」我說，「我真的不能讓任何人碰這條項鍊，這是我爸留下來的。」

「好了啦，唷，別這麼小氣嘛，我是你兄弟耶，馬上就還你！」

我媽媽說的任何人是指陌生人，但泰瑞是我最好的朋友，我們每天都一起玩捉迷藏、鬼抓人和打籃球，讓他拿一下應該沒問題。我沒有聽從自己的直覺、也可能是老爸在天上傳遞給我的訊息，在咧著嘴笑的他面前解開釦子，把項鍊放到了他的手裡。他把項鍊掛上脖子、扣上釦子，在襯衫上調整了一下，然後擺了個姿勢。我點了點頭，以示認同，因為當時我沒有想到我再也見不到那條項鍊。一星期後，我看到他，注意到他沒有戴那條項鍊了，便追問：「唷，我的項鍊在哪？」他裝作在找項鍊、忘記自己放哪裡的樣子，搔搔頭、抬頭看了看雲，然後說：「我明天拿給你。」但我知道，他偷走了它，而說好的明天永遠不會到來。從那天起，雖然我再也沒逮到過他戴那條項鍊，但我知道他背著我將那條項鍊拿在自己手裡。即使知道它對我而言有多麼重要，我最好的朋友還是偷走了我最重視的寶物。我的媽媽可以懲罰我，但再怎麼懲罰，也不可能讓我更加心痛。那是我爸爸留給我、絕無僅有的回憶，除了幾張褪色的照片和一些流傳在街頭的故事，這是唯一能證明我爸活過的證據。現在，它消失了，就跟我爸一樣。

我爸的官方正式姓名是卡梅羅．伊里亞特（Carmelo Iriarte）。鄰居都叫他「捲毛」，因為他的髮型是又黑、又長、又捲的大爆炸頭。嬰兒時期的我長得很像他，髮型也像是一個模子印出來的，所以大家都叫我「小捲毛」。老爸在波多黎各出生，並在年紀輕輕時搬來紐約。他在年輕時開發出了寫詩的興趣，會隨身攜帶一本很大的活頁夾，這樣萬一他有了靈感、並要將自己的感受記錄下來時，就能將自己寫的詩歌記在裡面。

捲毛不管做什麼事情，投入程度都令人嘖嘖稱奇。在雷德胡克區認識他的每個人總是跟我說他是個多拚命的「拚命三郎」。他因為籃球打得好而小有名氣，而他拚命三郎的心態也幫助他更積極地衝搶球權、在防守端施加額外的壓力。無論是在球場、社區還是職場上，只要我爸有想要什麼東西，他就會用盡各種方法來得到它。

這二十多年來，我爸主要是在麥迪遜廣場花園對街的一間郵局工作。他總是用工作賺來的錢照顧雷德胡克區的每個人。如果你缺錢，捲毛就會幫你。無論何時何地，只要有人需要捲毛，他就會現身。從幫助年長婦女過馬路，到為有需要的家庭去雜貨店買日常用品，大街小巷都在傳，朋友有難，捲毛從不缺席。

在街頭，只要是自己人，他就會照顧他們。如果他們跟外人發生了衝突，他就會第一個衝到最前面、準備跟對方開打，把他砂鍋大的拳頭像是獎盃一般高高舉起。他熱愛自己的夥伴，也樂於保護他們。捲毛從不懼於為他們或是自己的信念挺身而出。我想我父親對夥伴的忠誠，是從他那段在紐約加入青年貴族團體（Young Lords）的日子中發源並培養出來的。

青年貴族是一個深受黑豹黨（Black Panthers）影響的民權組織，包括直到今日仍然存在的學校兒童免費早餐、更好的醫療保健與改善拉丁美洲裔勞工的生活品質等社會福利計畫，都是他們奮鬥的方向。紐約的青年貴族分會是由受過教育、接受過左派理論培訓的拉丁美洲人創立且率領的組織。就像黑豹黨一樣，他們精通一種論調，能夠吸引街頭青年投身於被他們視為正義的志業。這也吸引了像捲毛這種兼具智慧與堅毅、能懂他們的理論並付諸實行的人。

有人說我老爸是雷德胡克區、甚至整個布魯克林裡最有愛心的人，這一點令他自然而然地在人群中顯得不凡，而六呎六吋的身高與巨大的波多黎各爆炸頭，更讓他顯得鶴立雞群。如果他沒有死，我相信在我成長的歲月裡，他對我而言將不僅是傳言中的英雄，更會親自教導我如何擺出和他一樣的戰鬥姿勢、如何在戰鬥中上下左右地晃動身體的同時用拳頭保護自己的臉。他一定會要我保護朋友，就像他也總是在照顧他的朋友一樣。老爸會教我怎麼綁緊耐吉球鞋上的鞋帶並打好結、如何穿好短褲、如何用雙手運球、如何在籃球比賽中做好防守。我會從他身上學會蓋火鍋或抄球、翻身跳投、逼迫對手犯錯並藉機輕鬆上籃得分。而且老爸還會教會我說一兩句好聽話，藉此討得鄰家女孩們歡心。我猜正是因為捲毛的才華、魅力、風趣與人緣，讓我的媽媽愛上了他。

我的媽媽，瑪莉・安東尼（Mary Anthony）在十八歲時不情願地搬來紐約。南方的工作機會不多，她因而與母親一起來大城市尋找更多就業機會。她的家族出身於南卡羅來納州（South Carolina）的小鎮，她和她爸一樣，都是當地的籃球之星，而她爸也是她最好的朋友。可以這麼說，籃球就是我基因中的一部分。許多來自南方的人都幻想過紐約的都市生活──夜總會、高樓大廈、滿滿的刺激與冒險。然而，她對這些事情興趣缺缺。媽媽是個特別的人，她從不隨波逐流。她夢想著在南方過著樸實無華的成功人生。她也明白，無論在哪裡生活，都必須辛勤地耕耘才能實現這個目標。在我媽發現為此她必須與她的母親搬來紐約時，她沒有怨言，而是在內心盤算要怎麼做好自己能做的事。於是，媽媽打包行囊，帶著她甜美的微笑與南方人的雄心壯志搬來布魯克林。

我的母親從生活經驗中學到，自食其力才能獲得自由，依賴他人便會與自由背道而馳，最終找不到生命的出路。這種精神讓她在紐約過得很好，而她也總是在督促我的兄姊們獨立。直到現在，她挺直著腰桿站在電視機前的畫面，依然可以清楚地浮現在我眼前。每到星期六，我們都會花好幾個小時看功夫影片，然後她就會揮舞著手指，告訴我做任何事情都不要依賴任何人。她總是告訴我，即使星星看起來遙不可及，也依然要朝它的方向前進。她教導我永遠不要向現實妥協，而我聽進了她的教誨。

她也很重視教育的重要。我們雷德胡克區社區裡有許多人才，但不少人都因為難以在社會上獲得機會而有如龍困淺灘。他們承受著一種痛苦，令他們看起來彷彿從來沒有嘗過愛的滋味。我媽不希望我過上這種餐桌上拿不出個麵包、流離失所、沒辦法照顧自己的悲慘生活。

我的媽媽是個負責任的人。棕色皮膚、堅強有威嚴但又不失溫柔的她，總是露出大大的微笑。她無庸置疑是雷德胡克區最好的母親，我可不是因為她是我媽才這麼說的，而是因為在雷德胡克區需要她的時候，她可以當所有人的母親。她把整個家族都照顧得好好的，若有親戚陷入困境，她會讓他們和我們一起住。她會不停地要我參加各種課程或課外活動，也會讓我和哥哥姐姐們接觸到許多雷德胡克區的其他孩子們沒有機會接觸到的東西，像是藝術與社區外的生活。我最喜歡坐長途火車到市中心，我們會去美國自然史博物館（American Museum of Natural History）或是大都會藝術博物館（The Metropolitan Museum of Art），然後我可以在裡面用好幾個小時的時間欣賞美麗的巨幅畫作。

我喜歡摔角，喜歡那些瘋狂的人們配上瘋狂的演出、五彩繽紛的服裝、戲劇性、尖叫聲、做出的高舉重摔，也喜歡過程中有人被逼入絕境或是有人逆勢反彈，我喜歡這整個秀。我會重新調整房間裡的雙層臥鋪，用它們充當臨時擂台，然後從上面一躍而下、摔在我哥哥或是表兄弟的頭上。我在公寓裡跑來跑去並學瑞克・福萊爾（Ric Flair）般發出「嗚喔喔喔喔！」的尖叫聲時，會把我媽逗得笑出來。後來她開始帶我去麥迪遜廣場花園看世界摔角聯盟（WWF, World Wrestling Federation）的比賽，我在那裡看到霍克・霍肯（Hulk Hogan）撕開上衣準備戰鬥、看到送葬者（Undertaker）準備好埋葬某人、看到終極戰士（The Ultimate Warrior）和藍迪・沙瓦吉（Randy "Macho Man" Savage）刺激觀眾的情緒。我喜歡看著布雷特・哈特（Bret "The Hitman" Hart）在通道間跑上跑下，這會令每個人為之瘋狂。從某個時間點開始，媽媽開始比我還更熱愛摔角了。

我們一家人，媽媽、大狼哥、賈斯提斯、蜜雪兒和我，也常常一起去看電影。在坐長途火車回我們的家時，我們喜歡討論剛剛電影中的劇情。媽媽也喜歡帶我們去野餐，這對生活在布魯克林我們這一區的人來說是很少見的活動。天色一亮，媽媽就會整理好她的手提包。我們會去展望公園（Prospect Park）、康尼島（Coney Island）、高地公園（Highland Park）或中央公園（Central Park）。媽媽會用烤肉架烤漢堡和熱狗，加上雞肉、馬鈴薯、通心粉和生菜沙拉，這真是絕妙的組合。我媽可以在烤肉架前、廚房裡或任何地方做出任何東西，這一點也廣為人知，所以幾乎每天晚上都有不同的人來我們家吃飯。他們聞到從我們家門口飄出來的香味，就會敲門詢問：「瑪莉女士，你們家還能再塞一個人嗎？」更令人佩服的是，她在進行這些娛樂、教學、趣味、舞蹈、主持、烹飪、打掃的活動時，還能為了維持生計去學校和銀行工作。

起初，我的媽媽過得很辛苦，就像大多數在公共住宅中撫養小孩的黑人女性一樣苦。儘管如此，她卻不願意依賴社福機構，尤其是那種機構並不能幫助家庭脫離貧窮的循環。因此，她在大樓裡找了一個朋友照顧我們，然後在晚上去學校上課。媽媽在夜校獲得了商務接待的證書，但她並不以此自滿，因此又接著去商務秘書學校進修。修畢課程後，她很快便畢業了。

她畢業後在一個專門負責前犯罪者更生計畫的組織找到第一份工作，在位於布魯克林史密斯街（Smith Street）的該組織擔任櫃檯人員。在那裡，她負責接待剛獲釋的公民，為他們準備面試並幫他們找工作。許多曾被關過的人來到辦公室都會有點困惑和害怕，不過無論他們有著什麼過去，我的母親都會秉持著每個人都應該受到尊重的態度對待他們，並確認他們在找工作時有把該準備的東西都準備好。她總是認為人們不應該因最嚴重的錯誤而遭蓋棺論定，每個人都應該得到第二次機會。媽媽在那裡工作大約兩年後，開始在曼哈頓

（Manhattan）的城市信託銀行工作。最後，她去大通曼哈頓銀行（Chase Manhattan Bank）當秘書。

在人生的高低潮中，媽媽始終相信著上帝。敬愛耶穌、將耶穌的話語奉為圭臬的她，是我們社區教堂的女執事。我不是那種信仰很堅定的小孩，但媽媽很努力地想教我用一樣的角度來看待她的宗教信仰。我當時還太小，沒辦法理解，但我尊重她的看法，因為我尊重她。

媽媽帶我去了教堂和讀經班好幾次，有時我的表兄弟歐瑪（Omar）也會來，媽媽會讓我們兩個一起坐在前排，那裡就像是球場邊的貴賓席，我們近得可以看到牧師在佈道時從前額流下的汗水。現在大多數人都不知道執事或女執事在做什麼，所以我來解釋一下：他們全權負責維持教會運作，從安裝管線到策畫烘焙義賣活動、從管理教會資金到在繁忙的星期天指揮交通、從在復活節的兒童跳舞派對當ＤＪ到當教徒的空手道導師，只要是需要人手的事情，都是由執事和女執事來做。

某個星期天，擔任女執事的我媽上台演說，在她發言結束後，牧師走上台開始講道、唱歌、表演——這真的很能帶動教徒們的情緒。大家在牧師發表一番抨擊惡魔的高論時唱起膜拜耶穌的讚歌、向上帝高呼，甚至流下淚水。管風琴手敲打著琴鍵，用漸強的曲調為教堂裡的喧鬧聲伴奏。突然，某位坐在和我們同一排、顯然也是教徒的女士跳了起來，跳得比麥可・喬丹（Michael Jordan）還高，然後用宛如麥可・傑克森（Michael Jackson）般的步法，在教堂內的眾人前方漫步著。

「唷，唷！」我笑著對歐瑪說，「她太搖滾了吧！她真的搖起來了！看看她，怎麼這麼搖滾！」

「這叫什麼舞？」歐瑪也笑著回應，「兄弟，我一定要學會這招！」

我不知道發生了什麼事，但她一直在通道間飄移。顯然，這是聖靈，或者是所謂「感受聖靈，與上帝同樂」，是我以前從來沒看過也不知道的現象。我看過《紫色姐妹花》（The Color Purple），但我太小，沒看懂這部電影。歐瑪也不懂，所以我們笑到飆淚，對著前方指指點點。而教會裡比較年長的成員們則皺起了眉頭，用一副我們偷了他們的錢似的眼神看著我們。我們不在乎，依然和彼此打鬧。「唷，看，你看！她太搖滾了！大嬸，盡情搖擺！」

我媽站在一旁的長凳上，露出了黑人母親特有的憤怒表情。我們立刻停止笑聲，我知道她生氣了，因為她接下來沒讓我去讀經，事實上，她直接把我們帶回家，一路上都在對我們大吼著「你們好膽唬弄上帝！」之類的話。當時我並不太懂她為什麼這麼生氣，但媽媽已經清楚地表態，於是我再也沒有在她面前拿宗教的事情開玩笑。那是我真的惹媽媽生氣的少數經驗之一，除此之外，我基本上是個守規矩的好孩子，和大家都玩得滿開心的。

我們沒有離開紐約州或是出國旅行，也沒有在暑假做什麼瘋狂或奢華的事情，但我從不覺得這些是必要的。我的媽媽努力工作，只要有機會能帶我們去城市公園玩，也從來沒有猶豫過。因為她的關係，去紐約上州（Upstate New York）的黑麥樂園（Rye Playland）就跟去迪士尼樂園（Disney World）一樣好玩。一切都充滿樂趣，我們也沉浸在陪伴彼此的喜悅之中。

沒有異議，瑪莉・安東尼是雷德胡克區最棒的母親。

第四章　雷德胡克區裡最適合居住的地方

我家就像是一場現場直播、二十四小時不間斷的電視實境秀，充滿了愛、戲劇性以及一群人住在同一個屋簷下所帶來的瘋狂。

我們家是左邊的第一間公寓，就在電梯旁邊，一進入這棟六層樓的建築就能看到。因此，這棟樓裡發生的任何事都逃不過我們的眼睛，不論是從半夜溜進來接吻的青少年到咒罵著對方的怨偶，或是從打量著這塊土地的新住戶到被掃地出門的老住戶，都被我們看在眼裡，而且我們都是第一目擊者。

有時，我們這間有三個臥房的公寓套房最多塞到十個人。我媽媽養了四個小孩，但如果整個家族中有其他的孩子需要幫助，她也樂於伸出援手。我的大表哥阿吉（Luck）就是其中之一，有一天他順路來拜訪我們，結果也住進了我們家。不管我們家的空間夠不夠用、錢夠不夠花，我媽都能照顧好每個人。她會為大家敞開大門，而我們也會讓這個門戶開放政策順利運作。

媽媽與繼父迪克（Deek）住在後面的房間，那是我們這幾個孩子不能去的禁區。大姊蜜雪兒的房間就在他們房間的隔壁。

蜜雪兒是我們家的台柱，在我媽上班時，她會把其他男孩們的事情通通搞定，而且基本上，就是她一手把我養大的。她對我來說就是全世界，因為她不僅是鄰里間的大明星，也是第一個疼愛著我的大明星。從好女孩到壞女孩，不管是皮條客、討債的債主、持槍的流氓還是開槍的匪徒，無論是老人還是小孩，每個人都想找她作伴、想隨時和她保持聯繫。我姐是個天生的說書人，她有著語言方面的天賦，能以一種獨特方式說明一件事。看到她以非凡的魅力與智慧一手掌握整個社區，感覺真的很神奇。蜜雪兒就像是雷德胡克區的瑪麗·布萊姬（Mary J. Blige），甚至在瑪麗成名前，她就已經是鎮上的當紅炸子雞了。蜜雪兒美麗且強悍，也總是穿著最時髦的衣服。她身邊總是有很多人圍繞著她，聽她講話、欣賞她的表演、感受她的活力。她有一批夥伴，感覺就像是窮人版的她，這些女孩子都對她忠心耿耿，只要能讓蜜雪兒開心，她們什麼事都願意做。

我們幾個男孩共用蜜雪兒隔壁的房間。雙層臥鋪剛好夠我、兩位兄長狼哥和賈斯提斯，以及表哥阿吉四個人睡。大哥狼哥，我敬愛他，但我還是得說他對我而言一直是個神祕的人。狼哥是一個會迷路的人，不是真的迷路，但是他會走在一條自己的路上，並沿著這條路沉浸在自己的世界中。狼哥總是神出鬼沒，不過因為我們已經做好每次要找他都是一場冒險的心理準備，所以我記得有一年我們在假日去找他時，不害怕也不焦慮。我們先從雷德胡克區開始找，然後去了在皇后區（Queens）的姑姑家，接著去了住在格林堡（Fort Green）法拉加特公共住宅區的親戚家。狼哥可能待在布魯克林的任何地方，雖然他大多數時候會出現在貝德福德大道與史岱文森街（Bed-Stuy）周遭，不過狼哥就是狼哥，不管是看到他走出洋基體育館、在曼哈頓和華爾街（Wall Streets）的證券經紀人同行或是坐在尼克隊比賽的場邊席，都不是什麼奇怪的事。你想找他，並不代表你能如願找到他，他以前就是這樣，而且從來沒有變過。

我媽這次真的很想找到他，所以我們繼續在紐約尋尋覓覓，開車在皇后區與布魯克林的每一區之間穿梭著。每當看到熟人的面孔，我們就會停下來問：「你們有看到狼哥嗎？」人們會回答，他們在這裡或那裡看過他，或者說他剛剛還在這裡、說我們錯過了彼此。紐約有著數不清的街口，但我們沒有放棄，然後好不容易在某個轉角看到了老神在在、無比從容的他。

「唷，你從哪冒出來的？」我笑著問。

狼哥環顧四周，他總是小心翼翼，而且不論在什麼情況下，都不會直截了當地回答問題或說明自己的意圖。

「別擔心這件事啦，我很好、我很好，」他說，「你們都還好嗎？」

狼哥今天出現在這裡、明天就會消失得無影無蹤，然後又突然地出現。你一習慣他不在身邊的感覺，一轉頭又會看到他高大的身軀在球場上來回奔馳。他不在家時，我常常聽到很多關於他在球場上有多麼優秀的事蹟。當人們看著我在操場上跑來跑去、和朋友打全場比賽，並學著怎麼打好籃球時，都會把「在雷德胡克區沒有人看得到狼哥的車尾燈，他或許是全紐約最強的球員！」這句話掛在嘴邊。在籃球方面，我想成為像大哥這樣的球員。我在單槓旁跟其他人傳球，或是在家裡把鐵絲衣架掛在臥室門後做成籃框、用膠帶和襪子綁成的球灌籃時，模仿的都是狼哥，而不是ＮＢＡ球員。

我另一個哥哥賈斯提斯的個性跟狼哥完全相反，他們都喜歡深入街頭，但賈斯提斯更有計畫、想法和知識，不管我們在打鬧、開玩笑還是爭執地面紅耳赤，都能看出他的這些特質。賈斯提斯總是能給出珍貴的意見、講出精彩的故事，並給予我人生的寶貴經驗。不管走到哪裡，賈斯提斯的風評都很好。他從來不需要哄抬自己、誇耀自己的本事或是在他人面前闡述自己的人格特質，因為其他人自然而然就會談論到他。他就是個令人印象特別深刻的人，渾身散發著一股難以解釋的魅力，也一直在引領著我成長。即使與這魚龍混雜的街頭有著不可切割的淵源，賈斯提斯依然出淤泥而不染，就像有著神聖的能量在路上保佑著他。

有一天，他從影音出租店租了幾片錄影帶後走路回家，轉過街角，走到我們家所在的街區，接著朝我們家前面的院子走去。這時，兩大惡名昭彰的販毒幫派正為了爭奪地盤大打出手，槍聲響亮地迴盪在整個住宅區。人們奔跑、尖叫、爭相躲避在車後或在附近的操場尋找掩蔽物。其中一名槍手注意到站在一旁的小賈斯提斯後，大喊：「喂！把槍放下，先停火，等這小子回家。」他們停了下來，賈斯提斯看了看雙方，對他們點了點頭，然後走進家，抱住透過窗戶看著這一切的媽媽。隨後，槍戰再度展開。賈斯提斯不會盲從別人的腳步，也不會盲目地相信任何事物，而他也把這種心態教給了阿吉和我。

戲劇性、痛苦與不安，這就是阿吉家裡的情形，所以他搬來和我們住在一起。阿吉比賈斯提斯小，但比我大，他能成為我們這幾個男孩之間的橋樑。比起表親，他更像是我們的兄弟。他搬進來住的時候，就算我們要擠同一張床，我也感到很興奮。有阿吉在，就有人可以陪我騎腳踏車、打籃球，可以幫助我變得更堅強，可以用任何方式挑戰我的極限、讓我變得更聰明。最重要的是，阿吉有辦法將發生在雷德胡克區內或附近的事情用我聽得懂的說法解釋給我聽，花時間說明哪裡好、哪裡不好。他教我要注意戴面罩的人、乞討零錢的人或是街區裡不熟悉的車輛。阿吉從來沒有說過這些人事物可能會帶來危險，但他給了我超高的警覺心，如此一來，我就不會讓自己陷入糟糕的境地。他教給我的規矩，讓我有著超齡的心智，也讓我成為這些住宅區裡歷來最敏銳、最有警覺心的孩子之一。

第五章　一條出路

「他在布魯克林艱困社區的一所小學擔任校長，也是一個盡職、溫文有禮的男人。他常常牽著孩子們的手，穿過充滿暴戾之氣的街道。昨天，這個人在犯罪猖獗的公共住宅區尋找不見蹤影的學生時，慘遭槍殺。」

——刊載於一九九二年十二月十八日的《紐約時報》（New York Times）

他的名字是派崔克．戴利（Patrick Daily），而那個「犯罪猖獗的公共住宅區」就是我家。戴利是蘇利文街（Sullivan Street）第十五公立學校的校長，他熱愛他的工作，更愛他的學生。那天，他在我們的住宅區尋找一名因打架而早退的四年級學生。在當地電視台與所有的報紙上，都報導過戴利為了與我們社區的暴力抗爭所做的努力，也報導過他把替學生創造安全、能積極向上的學習環境視為己任。因此，看到他在住宅區裡裡外外和學生交談、拜訪家長並試圖提升學校防護力量的情形，並不會令人感到陌生。戴利很清楚在雷德胡克區的住宅區生活有著什麼樣的風險，但沒有人料想得到會發生這種事。正如街頭上有句江湖名言是這麼說的：「子彈不長眼。」這位校長在光天化日之下在兩名歹徒交火時被射中，而這一彈便打穿了戴利的胸口。當時年僅四十八歲的他，最後的遺言是：「謝謝你。」

根據報導，我們的社區在戴利校長喪命之前發生了二十起謀殺案、十起強暴案、五百二十六樁搶劫案件與三百六十四起暴力事件。現在，想像一下還有多少件未經報導、沒有浮出水面的犯罪事件吧。槍聲日以繼夜地響起，能讓人感覺到我們公寓就在每一槍的射擊範圍之內。槍聲就像一月會下冰雹一樣，早已成為家常便飯、令人習以為常，因此有時我會故意把電視開得很大聲，藉此擋住這些噪音。毒品生意、因毒品而起的糾紛、與毒品有關的團體或任何與毒品有關的事物——槍戰的起因都是這些事，或者至少大家都這麼說的。許許多多來自這個社區的年輕人在找工作時受到阻礙，原因總是不外乎種族歧視與缺乏工作機會的不公平因素。然而，從來不歧視任何人的毒販總是在招攬人手，而這裡從來沒有缺過槍，這便造就了太多餓著肚子的人們為了地盤、生意與權力而開戰的現象。如果我們現在打的毒品戰爭正處於白熱化階段，那麼毒品正取得壓倒性的優勢，而居住在這個城市的黑人與棕色人種居民，也就是我們，正在節節敗退。

厭倦了暴力、殺戮、毒品與影響著我們社區的負面因素，我母親正式厭倦了紐約。她準備搬回南方。蜜雪兒已經長大成人，狼哥已經完全投身於街頭生活中，媽媽也已經管不動賈斯提斯了，所以要搬家的人只有她、我和阿吉。

賈斯提斯從來沒有像狼哥和我一樣對籃球那麼投入，但他偶爾會報個隊，或是打打街頭籃球。有一次，康尼島住宅區的男孩約了雷德胡克區的孩子打一場賭錢的比賽，於是賈斯提斯和他的幾個兄弟遠赴布魯克林的另一端，不過他們抵達後，卻發現比賽被取消了，這令賈斯提斯很不爽，因為這浪費了他的時間。這支雷德胡克區派出的球隊，成員都是平常忙著努力工作的人，所以他覺得他們本來可以待在鎮上賺錢，或是做一些比大老遠白跑來康尼島更有意義的事。

「唷，賈斯，還好嗎？」某個人從籃球場的另一邊叫喚著。賈斯瞇上眼睛，看出原來是薛羅德（Sherrod）。這傢伙原本和他一起上學，但他現在住在康尼島，藉此躲避布魯克林某個地區的人們追捕。

「千里迢迢來到這裡，我知道你們都氣炸了，」薛羅德說，「那個叫金恩（King）的傢伙瘋了，居然敢因為某些荒唐的理由取消比賽。這傢伙以為自己在康尼島是販毒的大盤商，就可以在這裡為所欲為。」

「哦？繼續說？」賈斯提斯回應。

「可以啊，你看那邊的傢伙都是有點類似跟班的角色，」薛羅德說，「他們都在忙著賣毒，常常看到很多他們的朋友圍在那個街區等著買貨。你知道的，我在看什麼時候有機會來處理這幾個小子，我已經觀察他們好幾個月了。」

賈斯提斯沒有花多少功夫，就聽懂了這番話背後的涵義。薛羅德有目標，也有明確的情報來源，現在他需要的是找到人手。

「如果你們也想幹一波大事，今天晚上就再過來一趟。我會打電話給你們，我會幫你們撐腰。」薛羅德說。

賈斯提斯和朋友們先回到了雷德胡克區做自己的事，薛羅德沒有食言，當晚便打了聲招呼給他。賈斯提斯便帶著槍、穿上他的冠軍牌連帽上衣、找來他的夥伴布萊克（Black），跳進一輛無牌計程車，一路回到康尼島。抵達目的地時，賈斯提斯發現薛羅德之前指給他們看過的那批跟班，還剩幾個人在公園裡晃來晃去。

「就是他們，在那裡。」賈斯提斯告訴布萊克，且一同慢慢接近他們。

「把這些混球都趕出去！」突然之間，這群康尼島小子的某個人抓住布萊克，「砰！

砰！」賈斯提斯見狀便掏槍賞了對方兩顆子彈，然而並沒有擊中任何人。對街食品店裡的幾個白人男子聽到槍聲並看到賈斯提斯和布萊克殺出重圍、跑過公園，我猜他們覺得這兩個人很可疑，因為賈斯提斯在夏天穿著連帽上衣，因此這些白人男子便放下了手中的三明治或是原本在買的東西，然後開始追趕他們。

賈斯提斯和布萊克繼續跑、越跑越快、在汽車的夾縫間鑽進鑽出、從小巷間抄近路，並在丟掉他們的連帽上衣與面罩時衝到了街區。白人男子們追上他們，並認出布萊克與賈斯提斯就是從公園跑出來的人。

「不准動！」其中一個人大喊，同時，另一個人掏出槍來，對著賈斯提斯開了兩槍。子彈從他身邊飛過，射到牆上和一輛車。布萊克繼續跑到街道的另一邊，找好掩蔽物並開槍還擊。

「唷，我覺得他們是條子！」賈斯提斯對布萊克喊道。

「操，老哥，開槍就對了！」布萊克吼回來。

賈斯提斯朝著他們的方向連開好幾槍、開到彈匣都空了，然後繼續往街區移動。在白人男子們繼續追趕著他們的同時，賈斯提斯把槍給拆了，並接著把零件扔往不同的地方。布萊克則朝著反方向逃跑。在看似沒有人繼續追趕後，賈斯提斯躲進了草叢。

「別動，是警察！」從另一邊趕來的警察們大喊著。

他被逮到了，遊戲結束。原本只是一趟單純的賭球之旅，變成了一場與紐約警察的槍戰，現在，賈斯提斯面臨著嚴重的牢獄之災。

迪克和我媽一樣都厭倦了雷德胡克區發生的一切，所以他想回南卡羅來納州。然而，我媽想留在紐約附近，這樣才能住得離狼哥近一點，並在賈斯提斯法律問題纏身時幫助他。所以，沒有太北也沒有太南的巴爾的摩便成為折衷方案。我們在那裡有親戚，而且那裡的物價比紐約便宜多了，另外，如果狼哥或賈斯提斯需要我媽，她就能很快地幫上他們的忙。而若要從巴爾的摩到更南方的地區，搭公車或火車也都很方便。

當時的我年僅八歲，對去留沒有話語權，但我想留下。我喜歡雷德胡克區——運動場、我的朋友、我的兄弟，以及被我們愛著的大家庭。從圍在我們窗邊講笑話、講故事的人，到在走廊上每晚因為我媽煮的菜聞香而來的食客，都會是我想念的人們。

搬到巴爾的摩，就代表要跟這一切說再見。搬到巴爾的摩，就代表我不能再一次沉浸在天堂經典日（Paradise Classic）的氛圍之中了。天堂經典日是雷德胡克區最棒的一天，每個人在這一天都會出來嗨，我們會一起開派對、玩音樂、燒烤食物和舉辦一整天的籃球比賽。等我們打完比賽離開球場後，其他的朋友就會和我們一起玩鬼抓人，玩到吃飯時間。然後我們就會狼吞虎嚥地把剛從烤肉架上端出來的熱狗和漢堡吃光光，再配上甜甜的、紅紅的果汁飲料吞進肚子裡。接下來，我們會把瘦小的手臂牽在一起，玩「紅色漫遊者」（Red Rover）。*每當輪到我，我都會笑得咧開了嘴，然後在每個人喊出「紅色漫遊者！紅色漫遊者！立刻派出捲毛吧！」的時候，我就會衝破對手的隊形，我每一次都可以撞開對方拉在一起的手臂。

我知道，在巴爾的摩，不會有像天堂經典日這樣的活動。我知道，我必須交新朋友，而且我必須在沒有狼哥和賈斯提斯的陪伴下完成這項任務。我在新社區騎腳踏車時，不會再有人叫我停下、對我打招呼說：「你是賈斯提斯的弟弟吧？」或是「蜜雪兒是你姊吧？嘿，小捲毛，過得怎麼樣啊？」這感覺會滿陌生的。

我們會有個全新的開始。或許大哥們不在我身邊，但我有媽媽的愛。蜜雪兒後來也決定會來巴爾的摩，這是個好消息，阿吉也會來，我大部分的時間都和他在一起。

＊譯註：在這個遊戲中，把小朋友分成兩排，然後每排的人手拉著彼此的手。其中一排會喊出「紅色漫遊者！紅色漫遊者！立刻派出某某某吧！」，另一排被點名的人就要朝著對方衝過去，如果能把對方牽在一起的手衝散，就可以把一個人帶回自己的隊伍，反之就要加入對方。依序進行，直到某一排的人不足以進行遊戲為止。

看著阿吉打球，讓我比以往更加關注這項運動。我注意到了他的打扮風格，他穿鞋都不繫鞋帶的，也總是把他的洋基棒球帽轉向某一邊。我也注意到他受到了部分比較年長朋友的尊重，他們總是會輕輕地擁抱、碰拳後，對他打聲「過得如何啊，阿吉！」之類的招呼。我想成為像阿吉這樣的人。我的繼父老了，總是帶著生鏽工具箱的他，手臂也總是因為長時間的工作而痠痛著。他不懂街頭上的趨勢——大概連貝殼頭愛迪達和Air Jordan球鞋之間的差異都分不清楚。我的大哥們都在外頭打天下，所以即使他們在有空時會來看我，也沒有空來教我。蜜雪兒是位女性，而儘管她比大多數人都來得精明，但就如同有些事情是男人沒辦法教給女人一般，也有些事情是沒辦法由女人來教男人的，所以我需要一個和我同年齡層的男性來指引我。我從來沒有要求阿吉教我街頭上的規矩是怎麼運作的，他只有默默地做給我看。我也不認為阿吉把這件事情當成他的責任，他只是自然而然地就這麼做了。他是一個天生的領袖。阿吉舉手投足間的身教，幫助我在雷德胡克區生存了下來，也將幫助我為巴爾的摩的新生活做好準備。

我不想離開雷德胡克區，但只要阿吉和我在一起，就也能在巴爾的摩過得風生水起。

第二部

巴爾的摩

第六章　新城市

從雷德胡克區開車到巴爾的摩大概要三個半小時。人們總說只要兩小時四十五分鐘，但要在這麼短的時間內到達，有個前提是得假設不會遇到塞車的情況——而塞車的問題確實存在。曼哈頓區、擁擠的紐澤西高速公路（New Jersey Turnpike）和九十五號南向洲際公路（95 South）全都塞滿了車。南方之旅感覺很漫長，但車窗的另一端卻有很多東西等著我來探索——雷德胡克區的住宅區越來越小、並在我們越開越遠時消失在後照鏡裡，數不清的黃色計程車把曼哈頓擠得水洩不通，有許多跟我家類似的家庭擠在車子裡、開在九十五號洲際道路上往南方前進。我們在開車時，看著建築物、休息站與更多的建築物被我們拋到身後。這是一趟數小時的冒險，我們的終點，是寫著「歡迎來到巴爾的摩」的招牌。

巴爾的摩是美國少數幾個還能保持小鎮風貌的大城市之一。這裡的人口數一直有六十萬上下，但感覺每個人都認識彼此。這座城鎮興建於一七二九年，並以來自英國的巴爾的摩男爵塞西爾．卡爾弗特（Cecil Calvert, Lord Baltimore）之名命名。隨後幾年，德國人和蘇格蘭人定居於這塊便宜的土地上。這裡的土地過於貧瘠，沒辦法種植菸草，那是當時馬里蘭州農夫賴以為生的主要作物。但這塊土地在相同的環境下非常適合種小麥，加上靠近水源，也讓巴爾的摩繁榮了起來，並在費爾斯角（Fell's Point）建立了一個繁榮的船運市場，使這裡漸漸發展成充滿酒吧、餐廳與高級住宅的熱門區域。同時，這裡也有人在買賣奴隸。

巴爾的摩成長得很快，隨著工業日益興盛，對奴隸的需求也逐漸增加，因此，費爾斯角的中心便成為了奴隸拍賣會的場地。到了一八一〇年，巴爾的摩共有四千六百七十二名奴隸，雇用他們的人大多是馬里蘭上州手頭比較緊的奴隸主。其中最知名的是弗雷德里克．道格拉斯（Frederick Douglass），他在成為全美最受歡迎的廢奴主義者前，曾經旅居巴爾的摩來賺錢。南北戰爭前，在南方最興盛的時期，一部分巴爾的摩的奴隸賺到了足以買回自由的錢，後來也幫助家人與朋友重獲自由。在巴爾的摩，努力賺錢一直是一件令人引以為傲的事。在某個時期，巴爾的摩獲得自由的黑人人口數高居全美之冠。

儘管馬里蘭州是一個蓄奴州，但馬里蘭州沒有在南北戰爭期間宣布脫離北方的聯邦，也藉此表態支持。然而，馬里蘭州南部的某些人還是加入了南方的邦聯，企圖保住他們的奴隸與菸草農場。一些邦聯的支持者攻擊了聯邦的士兵，造成十二人死亡與一八六一年的巴爾的摩暴動。在那之後，聯邦軍便不得不介入並佔領巴爾的摩到一八六五年。這就是為什麼一直存在著兩個巴爾的摩。這是一座因意識形態而分裂的城市，因為要說它在南方、它的地理位置又太偏北，但若要說它算北方、卻又太靠近南端。我們從紐約下來的一家人都把巴爾的摩視為一個充滿南方文化的鄉村，後來我們才知道，當地人都覺得自己比較像北方人。都好啦，總之，我們來到了這座新城市。這裡到處都是新來的住民，他們忙碌地四處奔走。我從我們卡車副駕駛座的車窗不停地觀察他們，一直看到我們抵達了最終目的地，在我們的新家、默特爾大道（Myrtle Avenue）一一二二號前的街區。

我們的街區是由位於海豚街與霍夫曼街（Dolphin and Hoffman Streets）幾棟樸素的排屋組成的。我們把車停在街區中間，直視著幾棟人稱墨菲之家（Murphy Homes）的建築物。這些建築佔據著這條街的盡頭，從默爾特大道銜接霍夫曼街的轉角開始，一直延伸到遠處那片草地、混凝土地與水泥地。確切來說，我並沒有住在這裡，但這裡孕育了現在的我。我的人生泰半在此地度過，許多讓我奉行至今的寶貴經驗，也是我在這裡學到的，而我會在接下來的篇幅中講到這些事。

我們的排屋是紅色的，是唯一一棟被漆上這個色彩的屋子。

「我們到家了！」媽媽說，「我們到家了！」

我掃過一遍這個街區。在紐約，每個家庭都只能住在公寓和高樓大廈的一層或一戶，但這裡，每家人可以直接住進一棟房子。同時，它也十分靠近名聞遐邇的墨菲之家，這是巴爾的摩最大的公共住宅區。墨菲之家是命名自喬治・B・墨菲（George B. Murphy），他是《巴爾的摩非裔美國人新聞》（Baltimore Afro-American）的創辦者之一，也是一個黑人上流家族的大家長。這個家族出了許多律師、法官、醫生與政治人物，他們之中可能沒有人踏進、更不用說住進這個社區了。四座由格局是單間、兩間與三間臥室的套房構成的十四樓紅磚高樓，圍繞著紅磚低層聯排住宅、遊樂場和籃球場，組成了這塊佔地約十五畝的住宅區。在搬到巴爾的摩之前，我曾經在墨菲之家住過幾次，因為我的姑姑埃瑟爾（Ethel）就住在這裡，她住在阿蓋爾大道（Argyle Ave）與霍夫曼街的街口。埃瑟爾姑姑就像是《好時光》（Good Times）影集裡的人物佛羅里達・伊凡斯（Florida Evans），有著一顆溫暖的心，也跟我媽很像，對任何人都敞開心胸。我喜歡在炎炎夏日時探望她。巴爾的摩有一種舒適和有如自己家的感覺，即使身邊的人都是陌生人，你也會感受到這種氛圍。人們被這種魅力吸引而來，所以巴爾的摩也有著「魅力之城」（Charm City）的別稱。

我從小貨車上跳下來，想更仔細地觀察鄰里環境。在我們用來搬家的貨車後面，是一輛紅色、有滑動門的小客車。我們在紐約生活所用的每一件物品都整整齊齊地堆放在這兩輛車裡。我開始幫媽媽拆行李，然後注意到有個孩子站在我家街區的中間。他一臉困惑地望向我們，然後慢慢地朝我們的方向走來。

「唷，你好嗎？」他說，「你頭上那是什麼東西？」

我剛理了一個漸層髮型、還在頭髮上刻出一個弦月的造型，就像饒舌歌手納斯（Nas）和瑞空（Raekwon）一樣，後腦杓則有雷德胡克住宅區的字母。

「你們在這裡都不會做造型的嗎？」我問。

他聳聳肩後說：「我覺得有吧，但沒有像這款的。」他一邊回應，一邊打量我的髮型，用讚許的眼神欣賞髮型師在我頭上所下的功夫。

「這是你們家？」

「對啊，」我回答，「你住這附近？」

「對，兄弟，」他說，「我叫伊爾（Ill），幾個月前剛搬來這附近，需要人手來幫你拆行李嗎？」

就這樣，我交到了第一個朋友。伊爾和我把我的東西搬進房子，他還幫我把衣櫃從狹窄的樓梯搬上我的臥室。後來我們一整天都在一起玩，聊著關於墨菲之家、糖果店和羅伯特．

C．馬歇爾活動中心（Robert C. Marshall Recreation Center）、學校以及我在巴爾的摩生活需要知道的每件事。我則告訴他關於紐約的事，還告訴他狼哥是雷德胡克區最強的籃球選手、另一個哥哥賈斯是怎麼把藍色鑽石鑲在牙齒上的，以及後來會搬來巴爾的摩和我們一起住的大表哥阿吉是個有多酷的人。

「阿吉，是我大表哥啦，他什麼都知道。他會打架、會打球、什麼都會，我等不及他來的那一天了！」

「他為什麼叫阿吉？」伊爾問。

「因為能認識他是一件很幸運（lucky）的事。」我笑著說。

我們玩得很盡興。媽媽買了吃的東西給我們，伊爾後來留宿，和我們共度住進新家的第一夜。這就是為什麼巴爾的摩會被稱為魅力之城的一大原因：會有像伊爾這樣的人認識你、親近你、對你展示出純粹的喜愛。身為一個紐約人，我覺得這就是南方人特有的好客，但當然，巴爾的摩人不覺得自己是南方人就是了。

第七章　紅色房子

我們住在一棟由漆成水果酒顏色的紅磚堆砌而成的紅色房子。磚塊亮眼到讓人有一種不論從哪裡都能看到我們家的感覺。

走進大門，你會先看到前庭以及主客廳。如果繼續往前走，就能看到樓梯。我們有三間臥房，還有一間後來也被我們當成臥室的地下室以及另一間客廳。在這間客廳對面是一間有用餐空間的廚房，這間廚房比我們在雷德胡克區的迷你廚房大多了。紐約的公寓和我們在默特爾大道的房子相比，簡直是小巫見大巫。在巴爾的摩的一天，讓我發現在紐約的人們生活在一個多麼擁擠的環境。我曾經覺得我們在紐約的家很大，現在卻覺得它怎麼又小又擠。我還記得我、阿吉、賈斯和狼哥塞在一間臥室，偶有其它的表兄弟拜訪時，還得睡在衣櫥裡，因為沙發上甚至浴室裡都已經有人睡了。現在，我們的空間大得不得了：大得足以讓我們玩耍、伸展甚至擴建。這棟房子不僅比我們之前住的公寓大，住的人也更少。在雷德胡克區時，有蜜雪兒、阿吉、賈斯、迪克、狼哥、媽媽和我同住。現在的這棟大房子，只有媽媽、迪克、蜜雪兒和我，就算之後阿吉搬進來，還是會覺得有很大的空間。事實上，就算狼哥和賈斯決定也來巴爾的摩住，這棟房子也還是很寬敞。

大夥們很快地安頓下來，我希望哥哥們也會來這裡。我想，他們會想念我們的，而且有機會的話就會離開紐約。我真的很想他們，但轉念一想，我可以先了解這座新城市，這樣如果他們之後也來了，我就可以跟他們介紹一下這裡的風土民情。我知道他們會來，也需要他們的陪伴。只要有空，我就會打電話給他們，我還逼賈斯親口告訴我：「我保證我們會去。」只有這樣，才能緩解我當下的情緒。我分別和他們聊過很多次，他們都告訴我他們在紐約還有事情要做、有正事要忙，所以他們還沒有準備要搬來巴爾的摩。我的任務，就是耐心地等待。不過，我的身邊並非一無所有，我還有大姊的陪伴，大家都知道蜜雪兒才是這個家真正的核心人物，而她總是把我照顧得好好的。

知道我有多麼仰慕哥哥們的蜜雪兒，填補了他們不在我身邊的空白。她會說笑話和雷德胡克區的老故事給我聽，讓我知道我不是一個人，一切都會平平安安的。我會這麼喜歡她，是因為她傳授給我的做人道理。她從來不會擺出「我是你大姊，所以你最好乖乖聽我的話」

的姿態，而是會找出明確的案例告訴我要怎麼做才能成為一個真正的男人。「看那裡，卡梅羅，唷，看看那傢伙，」有一天，她指著一個看起來四肢發達但頭腦簡單、對著女人歇斯底里地嘶吼的男人，並告訴我，「永遠不要幹出這種醜事，這傢伙就是個該死的小丑，快滾回你的馬戲團啦，廢物！」蜜雪兒會用這些話，或其他類似的方式來開導我。

我們看著那對情侶打了起來，我繼續從袋子裡拿出便宜的糖果塞進嘴裡，繼續一邊看好戲、一邊嘗著在嘴裡融化的甜味。此時有另一個人跳進了雙方的衝突之間，試圖調停這場糾紛。

「永遠不要幹這種窩囊廢的事情，」蜜雪兒說，「不要對女孩子動手，千萬不要，不要有這種下三濫的行為。」

這不是我第一次也不是最後一次目睹暴力事件。雷德胡克區也充滿暴力，頻頻發生事件。但巴爾的摩有另一種不同的殘酷。暴力、痛苦與謀殺已經融入了當地的語言、塗鴉與名字，人們給這裡冠上了「殺」里蘭州、「屍」爾的摩（Bodymore, Murdaland）的渾名。蜜雪兒和我常常坐在前門的台階上，那是我們特別的聚會地點。我們會在這裡比較巴爾的摩與紐約之間的差異、想像賈斯來到這裡後會做什麼、狼哥會去哪裡閒晃？汽車在街上來來往往，有的車會停下來，有的車則呼嘯而過。許多和我差不多年紀的人在小巷裡進進出出，在我們這條街的兩旁對毒蟲們擺出不可一世的態度，忙碌地進行著用古柯鹼、海洛因換取現金的毒品交易。

「唷，看看這些兔崽子，」蜜雪兒會這麼告訴我，「唷，我的天，這些傢伙真是遜斃了，你可千萬別跟他們做一樣的事，千萬不要為了融入他們而跟風，這可一點都不酷。」

聰明的蜜雪兒知道我需要透過不斷地聆聽來獲取成為一個獨立個體的力量。墨菲之家也是個有著「謀殺住宅區」（Murda Homes）稱號的危險地帶。很多人被捲入事故之中，有人受到重傷，也有人因為試圖融入、吼錯對象，或是只不過因為不了解我們所在的環境以及這裡的危險性而遭到殺害。

我們搬到墨菲之家附近的夏天，一個名叫埃柏妮·史考特（Ebony Scott）的九歲小女孩遭殺害並被棄屍於垃圾桶裡。她和我一樣來自紐約，更確切的說是布朗克斯區（Bronx）。她南下巴爾的摩拜訪親戚，然後再也沒能回得了家。而事發前一周，才剛發生某位居民在大樓裡遭到謀殺的案件，但人們很快便將注意力轉移到了史考特一案，因為被害者還只是個孩子。不久後，她的案件也不再是新聞焦點了，因為又發生了必須出動裝甲車來營救十名警察的大事件，這些警察被埋伏於數座塔樓間、打算將他們一個個幹掉的狙擊手團團包圍。巴爾的摩當地的大報《巴爾的摩太陽報》（The Baltimore Sun）曾引述一位不滿的市府官員這麼說著：「我們能怎麼辦？在連警察都被發射自動武器的狙擊手給壓制、要動用到坦克才能把他們救出來的時候，你到底能有什麼該死的辦法？這是一個很大的大問題，我們對此束手無策。」

我姐姐知道我們搬到了什麼樣的環境，這裡充滿著毒品、暴力和各種威脅。我的媽媽因為年紀比較大，所以無法完全掌握這些狀況。我的哥哥們因為不住在這裡，也沒辦法全盤了解在這裡的情形。我很幸運，有蜜雪兒在我身邊。

「小心一點，」她告訴我，「阿吉很快也會搬來這裡，到時候我們都要照應彼此。」

第八章 羅伯特・C中心

那年夏天，我需要找個去處，而我唯一知道的地方就是那塊柏油路面的場地。

我偶然發現我住的新社區附近的小巷裡有個球場，地面凹凸不平、有裂縫、用水泥黏著的接縫處還長滿了草。但我無所謂，我只要有球可打就好。我每天都去那裡逛逛，打幾場球，也觀察一下其他人打得怎麼樣。有些巴爾的摩的孩子打得不錯，但每個人都打不贏我，就連年紀大一點的孩子也一樣不是我的對手。他們都忍不住驚嘆：「你從哪來的？」、「小子，你運球很強！」我後來又去了幾次，每次都會發生這樣的情形：巷子裡的每個人都會說我應該去羅伯特・C中心打球，也就是羅伯特・C・馬歇爾活動中心。

「唷，羅伯特・C中心有辦內部比賽，你可以加入那個聯盟，」他們說，「羅伯特・C中心還有美式足球隊！快來羅伯特・C吧，唷！」

同個社區的孩子們馬上就慫恿我加入，把羅伯特．C中心說得像是我一定要去親眼看看的人間天堂。我跟著幾個孩子走過海豚街，經過了幾排像我家一樣狹長的排屋，有些屋子有住人，有些屋子則被膠合板封了起來。我們經過了一群小毒蟲，沿著另一條路來到了由一座橋連接的兩棟深咖啡色磚房。那座橋就算還能用，我也不想走上去。

「嘿，唷，這裡是富爾曼預備學院（Furman），」一個孩子指著其中一棟建築物說著，「這就是我們上學的學校，羅伯特．C就在對面。」

我們跑到入口，走進體育館。體育館很大、裡面很悶熱，有夏天的味道。裡面擠滿了孩子，從這一端塞到另一端。每個人都在裡面跑來跑去，玩得很高興。我想要的就是這種活力、這種讓巴爾的摩變得像家的活力。破舊的金黃色地板上立著六個籃框，可以從三種方向打全場。

「下一隊在哪？」我問。

一個孩子從地板上一躍而起，他認出我就是在小巷打球的人，然後我就上場了。在這種隨興的街頭比賽中，沒有任何規章或硬性規定，你只需要在適合的時間上場比賽就行了。

籃球與大多數的體育項目對我來說都像是天生技能。儘管當時的我只有八歲，還是打得很好很炫，有著紐約的球風。人們說紐約的球員很喜歡運球，喜歡耍胯下運球、換手運球、變速運球的花招，運球時間久到球都沒氣了，而人們會這麼說是有點道理的。但是我在球場上用運球羞辱所有對手，用我在雷德胡克區學到的所有技巧讓他們滑倒、晃倒、一屁股跌坐在地上。人們都注意到了我的表現，也注意到我很能得分，因為我已經在他們的防守下一次又一次地將球投進籃框。

「那個新來的小子很能打！」

不久後，我就有了點名氣，我很快地從一個沒人認識的孩子變成人們嘴裡碎念著「那小子就是從紐約搬來默爾特大道一家人的小孩，這小子有一手，他是真的厲害，是真材實料。」的對象。

我在巴爾的摩學到的第一堂課，就是有些事情是籃球打得再好也救不了你的。我在這裡待了幾星期後，儘管我天天泡在羅伯特・C中心，但其實我並沒有認識多少人。我還在熟悉這個環境。而這堂課，是從一串用紅色鞋帶做成的鑰匙圈開始的。

我弄丟了一串鑰匙，所以我媽媽又給了我一串。她走向坐在門前台階的我說：「這串再弄丟，就別想再拿到新鑰匙了！」她的嗓門有夠大，一群孩子們聽到後，紛紛笑了出來。

「我不會弄丟的。」我還沒忘卻把老爸的項鍊基本上是親手送給了別人的傷痛，「我保證。」

我下定決心要把它們牢牢握在手裡，所以我用一根紅色繩子把它們串起來，用盡全力打了一個最緊的結，緊到連空氣都穿不過去。我把它做成項鍊戴著，除了洗澡和打籃球之外，不管做什麼、去哪裡都戴著它。上場之前，我會摘下這條自製的鑰匙項鍊，放在牆邊。

有個叫亞方（Avon）的小鬼剛好在那時也聽到了我媽媽是怎麼教訓我不要再弄丟鑰匙的，他看到我把鑰匙放在那裡後，就把鑰匙偷走了。他撿起鑰匙後就離開了活動中心。我發現鑰匙不見的當下，唯一想到的就是媽媽會用什麼方法殺了我。鑰匙去哪了？我想我媽真的會殺了我。她才剛叮嚀過不要再弄丟鑰匙，結果我一下子就把它搞丟了。我憤怒地握緊雙拳走回街區，大家都知道鑰匙在亞方手裡。不知何故，我便在轉眼間從一個潛力無窮的紐約小子變成了一個笑話。然後，亞方趾高氣昂地從街角出現，一邊把我的鑰匙拿在手裡像螺旋槳般地轉來轉去，一邊嘻嘻笑笑地開著玩笑。他的姿態會讓你以為他拿到了一把保險櫃的鑰匙，裡面有一百萬美金，但其實這把鑰匙只能打開我家的大門。幾個我以前沒見過的孩子們聚集了起來。對著這個場面議論紛紛，並不時發出「噢噢噢」與「啊啊啊」驚呼聲的他們，在等待我攻擊亞方的那一刻。每個人都在等，而我知道我也必須這麼做。究竟我能不能拿回我的鑰匙？新來的孩子、惡霸和華氏一千度的夏日，這是我在這個社區的關鍵時刻。我看過很多空手道電影，也看了很多場職業摔角，我內心覺得自己可以打敗亞方。

「把鑰匙還來！」我一邊說，一邊對著晃來晃去、玩弄著鑰匙圈的亞方發動攻擊。孩子們繼續笑著、噢噢啊啊地叫鬧著。

「我沒拿你的鑰匙。」大搖大擺地把我的鑰匙圈戴在脖子上的亞方回答。

「唷，別鬧了，兄弟！把鑰匙還給我！」我對他大吼。要是當時你也在場，大概可以看到我的耳朵和鼻孔正在噴出蒸氣。

我朝他撲過去，想伸手搶鑰匙，然後他摘下鑰匙圈，一邊說：「嘿，你在找的是這個嗎？」一邊做了個把它丟到空中的假動作。他趁我抬起頭時對我拳腳相向，我們便開始扭打在一起，但他掙脫並拿著我的鑰匙逃走了。

我就像是頭鬥敗的公雞般回到了家，不是因為覺得打輸了這場架，這場架沒有贏家，而是因為我沒有拿回我的鑰匙。有件事我想先告訴大家，那就是新聞在墨菲之家這樣的社區散播得很快。在我回到家時，我媽媽便問：「小子，你在搞什麼鬼？你和誰打架了？你的鑰匙呢？」街頭巷尾的婦女們就像是自己開了一家新聞台一樣，把每件事講給每個人聽。記得，那時候還沒有手機、簡訊、社群網站之類的東西，但流言蜚語和小道消息傳播的速度毫不遜色。

「去吧，你給我天天去跟他打一架，不然你就不要再踏進家門了，」身上還穿著工作服的我媽如此宣稱，並拉著我走出前門。她不能忍受自己的孩子遭到霸凌，她可吞不下這口氣。她相信，你如果想保住自己的東西，就要付出一些努力，如果只有努力還不夠，就要更努力。

「媽，我才剛跟他打了一架！」我說。

「你每天都給我去跟他打一架，小子，如果你不出擊，每天都會為了這種事而哭。現在，給我上！」

我沿著街道重新朝亞方前進，我知道我媽媽在看著，而這時觀望的人群已經變成了三倍。他仍然待在原位，把玩著我的鑰匙。我撲向他、抓住他，把他壓倒在地，然後一直揍他，揍到其他幾個孩子把我們分開、中止這場打鬥。有媽媽看著你，會讓你在打架時獲得額外的力量。我覺得那些在母親面前打架打輸的人，回到家大概再也沒有機會吃到晚飯或得到擁抱了。我掙脫了他人的拉扯，想繼續揍他，但這場戰鬥已經劃下句點，我拿回了我的鑰匙。

「好了，小兄弟，」一個年紀比較大、戴著棒球帽的人說，「紐約小子不怕打架，事情就是這樣。」

我用挑釁的表情瞪著他。我不知道他是誰，說不定他也想跟我打一架。與我預想的方向相反，他對我伸出了手。

「小弟，我叫伍迪（Woody），人們叫我大手伍迪（Big Hand Woody）。」他一邊說，一邊和我擊掌，「我們看你不像膽小鬼，就是要這樣。」

隔天，亞方道歉了。他的一個朋友告訴我，他在活動中心也惹出其他的麻煩過。後來在不知不覺間，活動中心成為我唯一的去處，它成為我的第二個家。羅伯特・C中心就像是我的出口，每天醒來，我洗臉刷牙後就會去那裡，有時候我甚至連早餐都忘了吃就去了。那裡有很多有趣的活動，我報名了中心自辦的內部籃球賽、簡易美式足球賽與棒球賽。在中心裡什麼都有，最重要的是，它讓我遠離了麻煩，也讓我充滿活力，而在阿吉也來到巴爾的摩時，一切又變得更讚了。

「小羅，我來啦，寶貝，」站在我們家門口的阿吉說，「這裡看起來很棒，兄弟！」我跑過去給了他一個大大的擁抱，我知道他會來，但沒想到這麼快。在那個瞬間，我覺得那一大部分迷失的自我現在終於完整了。有他在巴爾的摩，讓我產生了一股現在有著金鐘罩、無人能敵、什麼壞事都影響不到我的感覺。突然間，我們的新家感覺沒那麼陌生了。可能是因為有阿吉在，帶來了我在完全適應這個環境所需要的熟悉感。

阿吉在認識巴爾的摩的環境上沒有浪費什麼時間。他走往各處，甚至踏入了他不該去的社區。因為不了解巴爾的摩社區間的火花，他一開始就捲入了幾場鬥毆。巴爾的摩人不像紐約人這麼常走路，巴爾的摩不是一個你想去哪裡都能靠雙腿走過去的地方。紐約人可以靠走路輕易地走過四十個街區，但巴爾的摩的街區跟紐約的街區不一樣，它們分散在很多地方，而且這些街區裡甚至沒什麼特別的地方可以去。在紐約，你可能會在偶然間發現餐廳、咖啡店或各種有趣的地方。在巴爾的摩，只有更多的社區和街道。但對阿吉來說，走這些多餘的路、打這些多餘的架都是有好處的，他這麼做都是為了籃球，而這些行為能讓他變得更強壯。

那時候的阿吉在球場上打得超棒，比我印象中在雷德胡克區打球時又打得更好了。他越來越會打球，也讓我想變得更強。他常常在墨菲之家一〇五八號大樓對面的球場打球，我會看著他做出誇張的胯下運球和轉身，讓他直搗黃龍、大力灌籃。跟大多數人不同，他並沒有忽視防守。他擅於預測對手的行動、喜歡緊迫盯人，在大力拍打地面後伸手搶球，散發出一股「來吧！我們上！」的氣勢。同社區的人都喜歡他的球風，他們聽到他的口音後，就開始叫他「紐約仔」。我是他的表弟，所以我就成了「小紐約仔」。

我們以前常在墨菲之家的球場打球，偶爾也會遠征其他球場，有時候在比較近的地方打球，有時候則會去和我們的世仇、名叫列星頓平台（Lexington Terrace）的住宅區，帶給他們一些麻煩。我會緊跟在阿吉身後，穿過九百號大樓之間的間隙，來到列星頓平台之家，或我們都直接叫它「平台」。我們會去那裡打球，那裡有很酷的傢伙，也有混蛋。但我們上了球場的重點就是打球，所以我們不斷地在比賽中對他們施加壓力，也持續進步著。後來，阿吉和我都加入了一個在平台舉辦的聯賽，我們都是墨菲之家代表隊的一員。因為我年紀比較小，所以我都是打第一場比賽。接著在太陽下山、輪到較為年長的孩子上場後，我就會看著阿吉在球場明亮的燈光下使出拿手絕活。大家都喜歡這個來自紐約的傢伙，還會模仿他的運球技術並稱讚：「那個叫阿吉的紐約小子會成功的！他有一天會打NBA！」我同意，而我不是因為阿吉是我表哥才同意的。他真的就是有這麼好，好得不可思議，超出了青少年的水準。

成為墨菲之家球隊的成員，讓我們在這個社區成為有頭有臉的人。一旦我們穿上墨菲隊的球衣，我們便是團隊中的一分子。有著墨菲之家的出身，並為墨菲之家的球隊打球，為我們在這個社區裡奠定了點地位。要生存在巴爾的摩這種城市，便多多少少需要點圈子裡的聲望。如我所說，運動並不能救你一命，就算你是運動員，人們也會毫不猶豫地對你開槍。不過，同時，透過運動與社區產生連結也確實有所幫助。從那時起，我們都開始以身處於這個住宅區中為榮。我們就是墨菲之家，墨菲之家就是我們。

第九章　卡梅羅

我在秋天註冊並進入富爾曼・L・坦普頓第一二五號預備學院（Furman L. Templeton, school 125）就讀三年級。在這裡上學跟我在紐約上的學校不一樣，紐約是多元化的代名詞，人們有如彩虹一般代表著不同的族群和民族。雖然在雷德胡克住宅區只看得到黑人與棕色人種，不過在媽媽帶我去市中心時，我常常看到不同種族的人。而在巴爾的摩，除了警察之外的人都是黑人，我甚至沒看過波多黎各人。我猜我可能是巴爾的摩唯一一個波多黎各人（或者是混血波多黎各人，隨便）。而儘管我看起來像個普通的黑人小孩，但人們聽到我的名字叫卡梅羅後，我的真實身分便暴露出來了。你有聽過哪個黑人名字是叫卡梅羅的嗎？

我有一次查過我名字的歷史，上面寫著：「卡梅羅是一個男孩的名字，發音是卡—梅—洛（kar-MAY-loh），卡梅羅源自於義大利語與希伯來語，意思是『果園、花園』。在聖經中是個地名：指的是以色列的迦密山（Mount Carmel），是古代著作中的天堂之一。」雖然我的名字有天堂的含意，但我並不覺得自己身處於哪一個天堂中。我就像是個迷途羔羊，被丟進一所滿是陌生人的新學校，所以我決定重新出發，不再叫自己卡梅羅，而是給自己取了泰隆．強森（Tyrone Johnson）的名字。我騙了學校、老師和大家，跟他們說我叫泰隆．強森。

為什麼叫泰隆？我覺得泰隆是個淺顯易懂的名字。因為卡梅羅這個名字讓我有個困擾，就是人們總是亂叫一通。人們會用千奇百怪的發音來叫我的名字，從卡羅拉（Corolla）到卡梅約（Car Mayo）都有人叫過，感覺他們什麼都叫得出來，就是叫不出卡梅羅。甚至之前在雷德胡克區的時候，有時老師也會說：「那個叫卡什麼的？來把你的名字寫在資料卡上。」有了泰隆這個名字，我就不用處理這些事了，每個人的身邊都有個名叫泰隆的朋友。而我自稱泰隆的把戲甚至還順利進行了幾天，直到我因為在上課時打鬧還有好幾天沒寫作業而遭到停學為止。

那時是沒有網路、簡訊之類通訊方式的九〇年代，在那個時代，學校會先寄一封信到你家。我把它揉成一團，然後模仿著克萊德．崔斯勒（Clyde Drexler）的灌籃姿勢，把這團紙灌進一個市中心裡的垃圾桶。接下來，他們會打電話到你家。我知道學校都是在四點左右打來的，也知道媽媽和迪克那時候在上班，所以我就衝回家把話筒拿起來，這樣打電話的人就會收到忙線中的訊號，也沒辦法留言，如此一來，我媽媽和繼父就絕對不會知道我被停學的事了。

雖然我被停學，但隔天早上我還是早早起床、刷牙洗臉、穿上衣服、抓起書包，然後悠閒地走出家門，就像我要去上學一樣。「晚點見。」我跟蜜雪兒道別後，甚至還跑去學校的操場混進其他的孩子之中，裝出一副我也要去學校的樣子。隨著鐘聲響起，我便在外面待了大概四十五分鐘，不知道該做什麼。我該回家嗎？還是去打籃球？我決定去打球，所以我離開操場，回家拿要換的衣服。我的學校在出口附近有一道小磚牆，我必須探頭過牆、確保附近沒有人影。我左看右看，接著看到我媽媽在街區的另一端從賓夕法尼亞大道（Pennsylvania Avenue）朝著海豚街走來，臉上的表情滿是憤怒。

「卡梅羅！」她一邊吼，一邊把我從地上抓起來，「你怎麼沒去上課？」

我不能說謊，她已經很生氣了。「媽，抱歉，」我說，「我被停學了。」

「停學！」

她把我拉進學校，一起來到校長辦公室。校長秘書安排我們坐在等候區。我移開我的眼睛、避開我媽媽的視線，並希望不要再有更多麻煩了。這時，校長探出頭來。

「強森女士，妳可以進來了。」

「強森女士？」我媽媽看著我說，「誰啊？」

我聳聳肩，然後跟媽媽一起走進辦公室，坐在校長面前。

「我很抱歉讓妳跑這一趟，但令公子泰隆做什麼事都靜不下來，對，泰隆非常聰明，但是——」

「泰隆？我兒子？」媽媽困惑地說。

「是的，泰隆．強森。」校長看著我回答。

「泰隆是誰？我沒有哪個兒子是叫泰隆的，而且我也不姓強森。這男孩名叫卡梅羅！」

校長狠狠地罵了我一頓，媽媽也跟著罵，回到家後，我別無選擇，只能告訴她為什麼我要說謊。唯一值得慶幸的是，這是我第一次有機會告訴媽媽我對我的名字有什麼真實感受。

「為什麼我的名字叫卡梅羅？我不喜歡，沒有人叫這個名字。」

「沒有人叫這個名字，是因為你很特別。如果你爸知道你這麼說，如果你爸還在，」她頓了一下，「你就不會這麼說了。他是個很棒的人，你最好珍惜他的名字。」

老實說，我從來沒有從這個方向想過。我從來沒有想像過爸爸會怎麼解釋我的名字、我們的名字之中有什麼意義。爸爸可能會說很多有關卡梅羅這個名字的瘋狂故事，他可以把這些故事傳承給我，然後我就能繼承它們，並寫出更多屬於自己的故事。但我猜那些故事已經隨著他的死而化為塵埃。他已經離開人世好長一段時間，也幾乎沒有人深入地討論過他。當然，人們有時會提到他的名字，但都只會聊到一些表面的事情。我從未有過這種父親對兒子分享個人、深刻與有趣經驗的體驗。如果我聽過更多有關卡梅羅這名字的故事以及它對我父親有什麼意義，或許我會更以這個名字為傲。而我的媽媽為父親做到了這一點，她那時的表情震撼了我的內心深處。在當下，她肯定有著某種非常強烈的情緒，所以才選擇說出「珍惜」這個詞彙。媽媽用言語與行動告訴我卡梅羅這個名字有它的意義，即使我當時仍然似懂非懂，但我發誓我再也不會不尊重自己的名字了。

第十章 填補空缺

我從早到晚都在想著哥哥們什麼時候才要搬來巴爾的摩，這樣我們就能一家團圓了。賈斯被關在牢裡，所以這對他來說是不可能的事。但我們常常打電話聊天，我會跟他說有關羅伯特．C中心的事以及我在巴爾的摩認識的人們，也和他分享我在打棒球、籃球和美式足球時的表現。他總是會告訴我要注意周圍的環境、小心人們的動作並明白很多看起來相同的事物其實不一定沒有不同。不可思議的是，我和關在牆內的賈斯所進行的交流遠比與自由的狼哥頻繁得多，但你知道嗎？要找到狼哥就像要在《威利在哪裡？》中找到威利一樣難。他一直是那種「抓得到我就來試試看吧」、風一般的男子。狼哥沒有手機，也沒有呼叫器之類的東西。要找到他，你得實地走訪紐約。但至少現在阿吉來了，一切正在往好的方向發展。

阿吉進入了東巴爾的摩的聖法蘭西斯學院（St. Frances Academy）就讀，原因是那裡的教練和我們家是好友，名叫艾瑞克・史基特斯（Eric Skeeters），或者也可以直接叫他史基（Skeets）。他總是保證會照顧阿吉和我，而且他大多數時候都說到做到。阿吉很專注，也感覺準備好要認真地將籃球當作自己的出路——真的、真的很認真。我來聖法蘭西斯學院當球僮，所以我每星期都可以坐在前排的座位看阿吉表現。看著他身穿那件球衣，令我感到很驕傲。

當時有一位出身於紐約，確切地說是皇后區，且大名鼎鼎、球風華麗的後衛，他控球就控得就像在玩溜溜球。他切過防守者間的縫隙就像在切豆腐，能隨心所欲地上籃得分，而且總是能輕鬆地找到有空檔的隊友。說真的，這傢伙最酷的地方就是他好像連一滴汗都沒流。他的名字是肯尼・安德森（Kenny Anderson）。安德森走到哪都是風雲人物，而對我們這種紐約的孩子來說，他的名號更是如雷貫耳。大學的招募人員從他的中學時期便開始關注他的表現，他更在十四歲時便登上過紐約市媒體的頭版。後來上了高中的安德森，更贏得了所有高中籃球選手所能贏得的獎項，我隨便列舉幾個，包括紐約州籃球先生（New York State Mr. Basketball）、麥當勞高中全明星（McDonald's All-American）、開特力年度最佳球員獎（Player of the Year by Gatorade），當時都是他的囊中物。我是怎麼知道這些事的？因為阿吉對肯尼・安德森了解得十分透徹，他是阿吉最喜歡的球員，所以他也成為了我最喜歡的球員之一。

阿吉崇拜安德森，打球也打得很像他。安德森在喬治亞理工（Georgia Tech）穿十二號球衣的海報一排排貼滿了我們地下室的牆面。阿吉還把雜誌上報導肯尼被籃網選中的文章剪下來做成簡報。肯尼是他的偶像，鄰居們也都知道這件事。如果人們沒有給阿吉取了紐約仔的綽號，那就一定會叫他肯尼．安德森，而我的大表哥也不會辜負這個稱號的。不管他是穿著學校的制服還是穿著靴子，都可以晃過你、甩開你，再迅速地把球往後運，然後讓你摔一跤。這就是為什麼我總是會嘲笑那些要穿特定球鞋、一套緩衝運動襪和綁上NBA頭帶才能上場打球的人，因為阿吉不管是穿哪種靴子還是登山鞋，都能把你打得落花流水。在布朗克斯區，人們甚至給他取了個「靴子」（Boots）的綽號，因為他常常穿著牛仔褲和靴子就上場打球，還打趴每個對手。

阿吉是「最後之場」（Last Court）的霸主。最後之場之所以會有這個名字，是因為它是在住宅區的郊區最外側的球場。走過最後之場，再走過霍華街（Howard Street）和州政府大樓就能走到市中心了。我以前很喜歡在那裡跑步，因為社區裡其他的孩子看到我都會跟我說：「小紐約仔，你表哥在球場上忙得很呢！」我們會一起看阿吉打球，沒穿上衣、穿著牛仔褲、跳起來就像靴子裡裝了彈簧的他在球場上能輕鬆地在離籃框四十英呎遠處將球投進。

我並不是每天都能見到阿吉，他和我們一起住，但他青少年的身軀裡裝著一個成年人的靈魂。與所有成年男性相仿，他需要探索、征服並在其他地方留下自己的印記。他會離家展開冒險，探索巴爾的摩，並藉由親身經歷了解這個城市。我想像著他在外面認識別的女孩、看看巴爾的摩人是怎麼生活的，並想像著他成年後會過著怎樣的人生。他正在確定自己在這座城市，或者說是任何城市，能獲得什麼樣的機會和資源。我只知道，無論他什麼時候出現在我們家，我都必須做好上場的準備。

「唷，小羅，走吧，我們要去打球了，」阿吉會衝進我的房間把我叫醒，「唷，去打球了，走了，出發了。」我便會跳起來，抹除眼中的睡意，伸手拿球鞋，我知道他和我準備要在七十七號球場大戰一場。我們常常去七十七號球場鍛鍊球技，我身上大部分的傷疤也是在這裡留下的。

如果我拖太久，阿吉就會繼續催：「唷，我們去打球了啦，好了沒，走了啦，我們快點去投幾球，快點，小羅！」

在七十七號球場的那幾場較量，是我在人生中打過最慘烈的幾場比賽。他常常對我犯規、推我、把我的頭大力撞向人行道。在白天，想在七十七號球場的雙層籃框投進跳投就已經不容易，到了晚上就更難了。但這不重要，因為阿吉會把我的球通通蓋掉。「把該死的球給我！」他會一邊這麼說，一邊用肩膀頂我、用手肘拐我、用身體撞我。在我想哭的時候，他還會掐我並警告：「哭也沒用，你最好別哭！」

不准哭。事實上，哭是最糟糕的選擇，我們是男人，男人是不會哭的。從那時起，我便真正地開始理解我必須為了勝利付出一切。他打我，我就打回去。我吃了他的肘擊、被他推倒在地，也會馬上從地上彈起來，任由傷口上的血乾涸結痂，吐出嘴裡的泥土，無視疼痛，越戰越勇。我年紀太小，打不贏他，但我不會像個孬種一樣被他吃定。阿吉是這個社區裡公認最強的籃球選手，他會有一番成就的。如果我想得到他的尊重，就必須拿出我也想成功的拚勁。我們持續進行著這種較量，而我也變得越來越強。

不管阿吉是在深夜還是一大早來找我，我媽媽都不會介意。我們開始認識附近每個人的情形，都被她看在眼裡。當時有很多社區裡的孩子都迷失在街頭深處，她很高興我投身於運動之中。在這段時間，我常常去活動中心或者和阿吉一起打棒球或籃球。而我的繼父則對我參加的運動項目沒什麼興趣，因為他很易怒，忙著看任何事不順眼。什麼東西都有可能成為惹他生氣的導火線，甚至包括陽光和鮮花在內。誰會生陽光和鮮花的氣啊？

繼父的名字是威福雷德．哈金斯（Wilfred Huggins），但我們都叫他迪克。迪克比我爸還早成為這個家庭的一員，是狼哥、蜜雪兒和賈斯的親生父親。我猜迪克和我媽因為某件事吵架而令兩人做出分開的決定，或者是他被我媽甩了，這讓我爸有了介入的空間，於是便有了我的誕生。只是我爸過世得太早，所以她又和迪克重修舊好。說真的，從我有記憶以來，迪克就一直是我們家的一分子。從雷德胡克區到巴爾的摩，我的成長期都有他的陪伴。他一直都在我身邊，但實在是太常因為無關緊要的事情而發脾氣了。就連李察．普瑞爾（Richard Pryor）*也沒辦法逗笑他，我甚至從來沒看他微笑過。

「天殺的，別吵了！」如果我在家裡運球的話，他就會這麼說。我知道我不該在家裡運球，但就算是我不小心讓球掉在地上也會激怒他。「夠了沒，小鬼，你在搞什麼鬼？我們要為這種事情生多少次氣？該死！」

迪克讓我很不喜歡待在那個家裡，就像是《好時光》裡那個經常失業而內心累積了許多不滿的父親角色詹姆斯．伊凡斯（James Evans）。只不過這是現實世界，沒辦法藉由好笑的笑話來減輕貧窮與痛苦。和迪克待在家裡的一天，就代表你被宣判了褫奪一天的美好時光。他既愛生氣又小氣，還覺得這是意志堅定的行為，並引以為傲。

「為什麼要把燈通通打開？」只要有超過一盞燈是開著的，他就會吼這句話。

「嘿，卡梅羅，把那該死的音樂關掉，」即使音樂沒有很大聲，他也會這麼說。

「好啦，好啦，冷靜。」我都這麼回應。

我的媽媽那時在做兩份工作，當阿吉不在時，家裡就只剩我和迪克。所以就算活動中心還沒開、外面只有十度，我都不想待在家，我必須離這個傢伙遠一點。要從他身邊逃離很容易，因為我有活動中心可去，我也參加了很多項運動賽事，幾乎可以完全避開他。我也和鄰居交了朋友，主要是兩個和我一樣熱愛運動的傢伙：小肯尼（Lil' Kenny）和大杜克（Big Duke）。

＊ 譯註：史上最著名的脫口秀喜劇演員之一。

第十一章　肯尼與杜克

大杜克和我住同一個街區，和我上同一所小學，也一起打棒球，我擔任投手和一壘手，他則擔任捕手，我們就是這樣認識的。大杜克人如其名，有著很高大的身材，而更大的，則是他掛在臉上的微笑。他是個特別的人，總是酷酷的、充滿活力、愛開玩笑，並對任何事情都充滿興趣。我和杜克常常開彼此玩笑，直到我們都笑出眼淚，甚至笑到無法呼吸。你可能要付錢給我們，才能讓我們做出比較嚴肅的舉止，但我們可能還是會笑出來、搞砸這筆交易。杜克和我每天一起走路上學，他很早就會起床、敲響我家的門，然後我們就會一起出發。在我們去學校的路上，我們都在聊運動相關的話題，像是我們加入的球隊、我們想加入的球隊以及我們該如何加入他們。

肯尼上的一二二號預備學院是另一所學校，但他和我還是很熟。隨著我對籃球越來越有興趣，我們之間的交流也越來越多。矮小的他是天生的控衛，可以在任何人面前得分。肯尼雖然身高不夠高，但他用心志彌補了這一點。而如果他的心志還有所欠缺之處，則可以靠糖果來彌補。肯尼和我吃的糖多到足以蛀爛全西巴爾的摩人的牙齒，我們總是將糖果店裡的糖一掃而空。有時候，我們一整天都只想吃糖，不管是訓練前、訓練後還是訓練中，都不重要，我們就是想吃散裝糖果、甘草糖、水果糖、混合水果太妃糖和檸檬糖。我們會把一袋袋的糖果帶到他家。我常常在那裡，和他聊我有多想念我哥哥、繼父有多愛生氣和各種事情。肯尼有一種獨到的方式能了解我在想什麼，而這是我人生中大多數人無法完全辦到的事。我跟他說了我親生父親的事，在我的同儕中，他是第一個聽我說這件事的人。他懂我，因為他也在同樣的年紀失去了母親。肯尼的爸爸也不在他身邊，他和祖母一起住。儘管他沒有實際表現出他的痛苦，但他經歷到的苦難並不在我之下，而我們的傷痛也將彼此連結在一起。

我們三個認識後，逐漸變得形影不離。如果杜克或肯尼需要我，或者我需要他們，不論什麼情況，我們都會有難同當，為彼此兩肋插刀。我記得在一九九六年北美暴風雪的某天，我們在街上玩美式足球，「唷，看那裡，」我指向正在街區另一端狠踹一名嗑藥仔的毒販，那個嗑藥仔不知用了什麼方法從中掙脫，並衝向我們。

「唷，別讓他跑了！抓住他！」其中一個毒販對著我和杜克大吼。

聽好，這傢伙朝我們飛奔而來的樣子，就像是有人把他從大砲裡射出來一樣，因而杜克和我只能呆若木雞地站在那裡，看得目瞪口呆。

杜克和我當時都還只是孩子，所以老實說我們根本做不了什麼。這傢伙是個大人，但杜克還是跳出來阻擋他。那傢伙轉了個圈，衝上街道後才頹然倒地。這時追著他跑的毒販才終於追上，然後朝著我們走來，手裡拿著一根大棍子責問我們：「你們為什麼不抓住他？」

我們還沒出聲回答，這傢伙就開始拿棍子打我和杜克。

我們就跑了！

「操他媽的給我滾過來！」他吼著。

我和杜克朝著相反的方向跑，在這傢伙快追上杜克時，我就會跑過去引誘他來追我，反之，杜克也會做一樣的事。

「你們為什麼不抓住他？你們為什麼不抓住他？」那個男人持續對著我們揮舞著棍子。

最後，比較年長的朋友L注意到了我們，並對他說：「別追了，唷，老兄，這是我朋友杜克和梅羅（Melo），冷靜、冷靜點！」

這傢伙一臉嫌惡地看著我們。杜克和我一邊笑著，一邊沿著街道走回家。後來杜克的叔叔出面，深入街頭擺平了這件事。他說我們都是好孩子，沒有捲入這種事的必要。滿滿的流氓、賭骰遊戲、持槍搶劫者、臥底的叛徒和毒蟲圍繞在我們身邊，你得跨越這重重障礙，才能找到我們。所以想招募我們的球隊，最終都只能在浪費時間後空手而回。總之，在我們這條街上發生太多類似的事情了，所以我們決定把我們的活動範圍轉移到巷子裡。

杜克、肯尼和我在巷子裡用木箱和膠合板動手做了一個湊合著用的籃框。我們的社區四處都是真正的籃球場，但這條巷子就像是我們自己的世界、一個只有我們才能獲邀參加的小型私人俱樂部。我們開始越來越常待在這裡，而不是去街上。在這條巷子，我們有屬於自己的小院子和可以玩美式足球的小球場。在夏天，我們甚至還有個小游泳池可以在大熱天爬進去泡水。巷頭雖稱不上完全風平浪靜，還是有毒販在巷子的兩端賣著古柯鹼和海洛因並招攬大家試吃，也還是有在住宅區中找不到工作、口袋空空的人。但相較之下，巷子內依然平靜多了，前方的街頭已經完全失去了控制，有妓女在街上奔跑、惡毒的警察毫無理由地找碴、不同的幫派為了爭奪地盤大打出手，這種混亂的情形持續地在街上發生。這條巷子就像是這塊水泥地上的綠洲，讓我們能夠遠離這些紛擾，是少數能讓我們保持理智的地方之一。

「小羅，有話跟你說！」阿吉有天在我正要走出家門與肯尼在活動中心見面時說，「兄弟，我們去聊聊。」

「你想投投籃嗎？」我問，「我正要去活動中心，但我們也可以隨處走走。」

阿吉低頭看了看自己破爛的靴子，環視了一下房間，重新抬起頭並說：「唷，我已經沒辦法在那個該死的天主教學校待下去了，史基一直在搞一些有的沒的，所以我退出了。」

「什麼？」我疑惑地問，「唷，發生什麼事了？」

「別太緊張，小羅，我會先回老家一段時間，跟某些人打個照面，搞定一些事，然後我就會再回到這裡處理這件事，可能會去另一間學校吧。我跟你說這些話，是因為我想確定你不會受影響，你沒問題的吧？」

「你在說什麼啊……？」

「我很快就會回來，繼續把籃球打得更好吧，別荒廢球技。」我唯一能做的，就是坐在那裡抱著球回答一句：「好。」而我想說的是，阿吉不僅是我的好友，在籃球方面不僅是這附近的人中打得最好的，也是我認識的人中最厲害的一個，我的大表哥扛下了幫助我成長茁壯的責任，我祝福他一切順利，也期待在他獲得成功歸來之時，我也做好了能獨立生存的準備。

你知道有句話是「禍不單行，雨下便不停」嗎？我覺得這句話就發生在我身上，因為我發現連蜜雪兒也要離開我。她懷孕了，需要自己的空間，於是在幾英哩遠處找了間房子。我的家人一個接一個地各奔東西，我就像是被遺落的人。儘管我因為阿吉和蜜雪兒都要搬走了而傷心，但我也為家庭將有新成員而高興，再加上蜜雪兒離開後，家裡又空出了一間臥室，所以我想其實我有失也有得。我知道阿吉會回來的，等他回巴爾的摩時，我會成為一個更堅強、更被人看重且更完整的人。

第十二章　籃球選手

我參加第一個有組織架構的籃球隊是羅伯特．C活動中心的代表隊，我們不是那種會四處遠征的球隊，只參加當地的比賽。我們直接在活動中心參加內部的比賽，或者是在走路能到的範圍內去和其他活動中心的代表隊交手。隨著我們的球季展開，大家都知道我是很棒、值得關注的選手。從小看狼哥打球，讓我的球風十分強硬，而在和阿吉打球被屢屢打倒在地的過程中，又讓我變得更加強悍。我們可是在晚上時來到有著雙層籃框的球場打球，所以想像一下，我在有著普通籃框的室內體育館和同齡的孩子交手，要得分會有多麼輕鬆。儘管我年紀還小，但我已經是一名不容小覷的球員了。

我忙著在羅伯特．C中心打球的同時，還加入了麥迪遜海盜隊（Madison Buccaneers）。麥迪遜活動中心在彼得爾街（Biddle Street）上，而在聖法蘭西斯學院擔任教練的史基就住在該中心的對面。他是球隊二軍的教練，也是讓阿吉入學的人，不過阿吉後來退隊回紐約了。史基幫他註冊，也幫他打理好課程和各項事務。我想如果阿吉回心轉意，他或許能再幫一次忙。在其他人注意到阿吉的能耐前，他就已經對他的本領深信不疑。有時我會和阿吉一起去他家，我會在外面打球、認識東巴爾的摩的人，精進我的胯下運球、跳投並磨練阿吉教給我的各種技術。

一個西巴爾的摩的孩子跑到東巴爾的摩展開大冒險是前所未聞的事，但我來自紐約，所以並沒有太在意這之間的眉角。人們總是覺得東巴爾的摩和西巴爾的摩之間有很大的矛盾，但其實沒有。問題在於交通。巴爾的摩的大眾運輸系統非常糟糕，把車從東巴爾的摩開到西巴爾的摩只要五分鐘，但坐公車要坐三個小時，這代表雙方從來沒怎麼好好交流過。我記得當時巴爾的摩的地鐵只有四、五站，相較之下，紐約則擁有著全世界最好的大眾運輸系統，每個行政區、社區和街區都有數不清的車站。東西巴爾的摩的情形沒什麼不同——大家都一樣窮、上的學校都一樣爛、面對著一樣的居住問題，也被同一支警隊、同一批有著種族歧視偏見的警察管制。東西巴爾的摩的大家，也都是在努力求生存的黑人。只要是有車能從西巴爾的摩開來東巴爾的摩的人，都不會討厭這裡的人，反之亦然。由於我在聖法蘭西斯學院的球隊擔任球童，還要做一些遞水之類的雜務，所以東西巴爾的摩的人都認識我。麥迪遜海盜隊的總教練名叫薩吉（Sarge），他是一名傳奇教練。有一天我在外面打球時被他注意到，他發現了我的天賦。於是，我在人生中第一次加入了一支需要巡迴各地參賽的球隊。薩吉還留下一個參加地區賽的名額給我，如果我們贏了，我就可以坐飛機去佛羅里達（Florida）。我們成功獲勝，所以我也就這麼踏上旅途。這看起來好不真實：前一天，我還在巷子裡閒逛、在活動中心打二十一分或五十分的比賽，隔天，我便搭上飛機，像NBA球員一樣和來自其他城市的孩子們比賽？我從來沒有做過搭飛機的美夢，然後「砰！」的一聲，我就坐上了飛機。籃球在轉眼間幫我實現這件事，而且還免費。

巴爾的摩／華盛頓國際機場很大，到處都是能通往各處的走廊以及不停移動的人們，廁所與廁所之間大概隔了一英哩遠。我不是唯一一個沒坐過飛機的人，有些隊友很怕坐飛機，但我已經準備好了。坐飛機是我在阿吉不在時能打發時間的絕佳方式，也讓我遠離了繼父。我常常在想，他的怒火是不是在我不在的時候便會煙消雲散。他是不是因為在看著我的時候看到了另一個男人的面孔，才變得這麼易怒？因為這不斷地在提醒他，我的媽媽和一個不是他的男人有了孩子？我想像，如果我是迪克的親生骨肉，他會帶我去機場，並為我在籃球上取得的新里程碑而慶祝。我想像他會對我好、支持我、愛著我，就跟他也愛著我的哥哥姐姐們一樣。但這不是我能決定的，是他。糾結於他怎麼對待我，對誰都沒有好處。無論如何，我很早便下定決心，不要讓他的怒火扼殺我因籃球而得到的任何機會。我不會讓他的憤怒影響到我第一次如此奢侈的體驗。我站在一面鏡子前檢查我的新球衣、新球鞋、新背包，我能獲得活動中心贊助這些乾乾淨淨、整整齊齊的裝備，都是因為我會打籃球。我馬上就要搭上飛機，而迪克可能一輩子都搭不到飛機，這個事實可能會讓他更憤怒。我來自一個沒有人坐過飛機的社區，我們來自社會底層。沒有人引以為恥，因為大家都知道每個人都一樣窮。聽到有孩子為了省牛奶而用叉子吃玉米片、用烤箱取暖導致隔天起床時喉嚨痛、十五個人擠在一間臥室，都是稀鬆平常。搭飛機？這可不尋常。對像我這種的孩子來說，類似的事情真的都是重大事件，我得好好享受每一秒。

在機場的感覺很好，搭上飛機，經過每一間商店、與飛行員、空姐擦身而過的感覺都很好。儘管我沒有認識多少來自東巴爾的摩的孩子，但和這些隊友們、和這個團隊在一起的感覺真的很棒。我們成套的背包、印有麥迪遜標記的運動服還有耐吉的球鞋讓我們團結在一起，將我們合而為一。

「你們從哪來的？」一直有人們這麼問。

「巴爾的摩！」我們驕傲地回答。

「不過是西邊的。」我笑著和住東部的隊友開玩笑，「確切來說，我來自西巴爾的摩！」

儘管我代表了麥迪遜中心來參加這個錦標賽，但我的骨子裡還是羅伯特．C中心的一員，那才是我的家。

另一次我離開羅伯特．C中心，是去參加了一場巴爾的摩與華盛頓特區的地區對抗賽。這場比賽是由人稱「阿貝」的羅伯特．佛雷澤（Robert "Bay" Frazier）舉辦，這位八面玲瓏的大哥來自東巴爾的摩。阿貝開著一輛燈光是藍色的BMW，我從來沒看過這種車。他常常在巴爾的摩和華盛頓特區辦比賽，是個真的愛籃球的人，他渴望於和大家分享他的籃球知識，也總是在比較年長的男孩們比賽前安排比較年幼的球員打一些小型的初階比賽。由於來自鄧巴高中（Dunbar High）、一路直升雪城大學的超級後衛麥可．羅伊德（Mike Lloyd）應該會在那場比賽中登場，阿貝因此也讓我和他一起去華盛頓特區。我們的初階比賽結束時，我就會去為阿貝和其他比較年長的人張羅吃的。我會去買零食、薯條、汽水、冰茶和他們想吃的各種東西，然後他們會讓我留下找回來的零錢。「小梅羅，過來，」阿貝說，「現在你口袋裡也有點錢了，別亂花，存起來。」我把這句話聽進去，這是門不錯的生意，也能讓我認識巴爾的摩最優秀的青少年球員。我不是想成為和他們一樣的人，但我對他們所處的世界充滿興趣。我看到他們因為擅長運動而獲得特殊待遇、也看到他們令女孩們為之傾倒。他們雖然不是NBA球員，但仍然是一方之霸，我對他們充滿了敬意。

在參加運動賽事和出去玩之間的空檔，杜克、肯尼和我決定我們需要去賺點錢。遮風避雨的房子、熱的餐點和校服，媽媽提供了我需要的一切，但是我也有想要的東西。你懂的，就是那些滿足額外物慾的東西。我們常常坐在門廊上，看著那些潮男在路上來來往往，穿著巴克利（Charles Barkley）、皮朋（Scottie Pippen）代言的新球鞋（巴克利的CB34是我的最愛）或是其他Uptempo、Air Force 1、New Balance 990、New Balance 991或New Balance 1300和各種喬丹牌的球鞋。我全都想要，還想要新款的Polo襯衫、Polo夾克、連帽衫、泡泡棉大衣，和Nautica、Tommy Hilfiger牌的衣服。

我擁有的不多，但我知道自己真的喜歡什麼。或許可以追溯到某次復活節，我媽媽買了雙白色與栗色相間的KJ球鞋，那是Converse為了能飛擅扣的鳳凰城太陽控衛凱文・強森（Kevin Johnson）推出的代言球鞋。大家買的都是黑色款或是KJ球衣配色的白紫相間款，而我的是白栗相間款。我敢說，我穿上它的時候，其他人都他媽的看呆了。這是一雙有著皮革材質、魔鬼氈和REACT Juice的球鞋。所謂的REACT Juice，是一種在鞋跟處的綠色膠狀物質，是用來行銷的配件。據說強森能有這麼強的爆發力，就是因為有它的關係。六呎一吋的他在七呎的哈金・歐拉朱萬（Hakeem Olajuwon）面前把球灌進籃框的畫面，就這麼永遠地住進了我腦海中的一角，免房租。我會以為穿上這雙有REACT Juice的球鞋，就能讓我飛天遁地嗎？我當然沒這麼傻，但穿上的感覺也不壞。讓我更開心的是媽媽還買了一件上面有個栗色馬匹圖案的白色Polo衫給我，這和鞋子很搭。在那個瞬間，我明白了無論身邊發生什麼事，只要你穿得好看，心情也會跟著變好。我身處在一個被露天毒品市場環繞、每周都會發生謀殺案的環境，但我還是覺得好衣裝能和好心情劃上等號。所以如果你聽到某人被指指點點，因為他住在貧民窟卻從頭到腳都穿著名貴的衣服或首飾，就要理解，這或許是據他所知能讓自己好過一點的唯一方法。在一個沒有人能治癒你的創傷、給予你正面的鼓勵或機會的社區，這些新的耐吉球鞋或許能讓他的寒夜變得溫暖一點。我一直、一直渴望於享有這種佛要金裝、人要衣裝的感覺，我穿上那雙KJ球鞋，配上新的Polo衫和新的卡其褲來到了內港（Inner Harbor）。內港是一個旅遊景點，有餐廳、商店和能夠俯瞰巴爾的摩市中心與水域的展望台。來到這裡，我覺得自己就像是這個世界上最成功的人，一股唯我獨尊的心情油然而生。為了保有這種感覺，我什麼都願意做。

「唷，馬丁路德金恩大道（Martin Luther King Boulevard）和茂比利街（Mulberry Street）實在是錢淹腳目，」某天肯尼這麼說著，「我們只要準備幾個刮水器和一桶水就可以去賺錢了。」

「一桶水？」我問。

「噢，對啊！」杜克插嘴，「很多人在馬路上幫別人洗窗，賺了很多錢，只要小心別被車撞到就好了！」

「不會啦，我們會小心的。」肯尼笑著說。

我就在等這句話。我拿起一個桶子，跟我媽媽要了幾塊錢去加油站買了一個刮水器，然後衝到馬丁路德金恩大道，擺了個攤位。整天都有車子在繁忙的街道上來回飛奔。我想司機們一定都恨透了紅燈，但紅燈亮起，就代表杜克、肯尼和我以及其他住在住宅區也渴望賺錢的孩子們有機會跑到你的車窗前，拿著刮水器、在你的車上到處抹上肥皂泡泡，然後強迫你為我們的服務付費，雖然你從來沒有拜託過我們這麼做就是了。

有時有和藹可親的老太太給我們一美金，有時也會有憤怒的白人老人對我們大吼大叫著「把那該死的東西從我車上拿走！」，此時我們便會對著他們的後照鏡比中指。有時也會有努力工作的人們給我們二十或五十美金，然後跟我們說：「小鬼，別在我車窗上亂貼東西。但繼續努力吧，有一天你會得到回報。」大多數時候，我們雖然只能帶著一袋零錢回到街區，但這已經足以帶給我們繼續在明天做這件事的動力。我的房間有一塊可以掀起來的鬆動地板，我就可以把所有靠洗窗得來的收入和偶爾得到的小費藏在裡面。以藏東西而言，這是個不錯的地方。雖然我沒存到一大筆錢，但也肯定不是口袋空空、拿不出錢的人了。

在做了幾次後，我們漸漸學到人們想要的是什麼。無須透過言語，你可以從他們的氛圍、活力和他們的眼神看出來誰是想要洗車窗的人。有些人想幫助我們，也有人看起來想把我們活活撞死，而這就是西巴爾的摩的日常。

洗窗的規則很簡單：

一、一定要有個搭檔，不怕一萬、只怕萬一。

二、賺到的錢一定要平分，這樣才公平，也能避免無謂的爭端。

三、零錢可以放口袋，但一定要把鈔票塞進襪子，以防有人想搶你的錢。

四、最重要的是，一定要站在茂比利街的那一側。另一側是列星頓平台的人專用的，別為了蠅頭小利和他們發生衝突。

生意不好的時候，我們一天大概只能賺五美元，在生意好的時候，我們能賺到一百多元。我們的小本生意進行得很順利，直到有個鄰居與結束漫長的工作日後正要回家的我媽偶遇為止。

「嘿，瑪莉，」她說，「我看到你兒子梅羅在馬丁路德金恩大道上幫別人洗車窗。你們的生活還過得去吧？一切都還好嗎？」

「什麼？洗車窗？你說啥？」我媽回應，「都沒問題啊，我們過得還可以。你認錯人了吧！」

「我每天都會看到那孩子，就是他！我知道梅羅長怎樣！」

在那之後，我媽就讓我的洗窗事業關門大吉了。我並沒有太沮喪，因為太常和列星頓平台的人發生小衝突，而且警察也一直在趕我們走，所以做這門生意可說是四處受阻。而且我們已經轉往開發了另一個工作機會，在金鶯隊（Orioles）和烏鴉隊（Ravens）的比賽前賣糖果。

找到這門新生意的人是肯尼，我們注意到他總是穿著新的Polo衫、Polo帽、Polo夾克和連帽衫，他走起路來簡直就像是跟雷夫・羅倫（Ralph Lauren）很熟的樣子。*

「你哪來的錢？」我一邊問肯尼，一邊欣賞他的新上衣和新耐吉球鞋，「兄弟，你每天都潮到出水！」

「賣糖果。」肯尼回答，並淡淡地聳了聳肩。

「什麼？只有賣糖果？」杜克問，「真的只靠這個就帶著這幾大包的錢回來了？」

我們永遠沒辦法靠洗窗賺這麼多錢，所以我和杜克都很感興趣。

「我們要怎麼樣才能加入？」

「聽好了，」肯尼說明，「有個叫雷茲（Reds）的老毒蟲，我跟他不熟，真的不知道他是什麼人或從哪來的，但每個周末他都會召集一批人，然後把我們帶去體育館，所以到時候就做好準備吧。」

下個周末，雷茲，一個穿著破舊、滿臉疲態、淺色皮膚的老傢伙，開來一輛貨車，叫我們跳進去。不顧所有關於小心陌生人、糖果和貨車的警告，我們跳進後車廂，笑著討論「唷，這傢伙是誰、從哪裡來的、去哪找來這些糖果、他要帶我們去哪？」肯尼很冷靜，因為他已經知道我們會賺到一大筆錢。我們要做的事情很簡單：一塊糖果賣兩美金，我們自己可以拿一元，另一元給雷茲，因為這些糖都是他的。他有點像是巧克力版的巴勃羅．艾斯科巴（Pablo Escobar），而我們就像是他的童子軍，這個運作模式非常有效。†

雷茲手裡有拿不完的糖果，我從來沒有在一個地方同時看到這麼多糖果。光是看著我就牙痛了。這裡的糖果各種口味應有盡有——M&M's、Twix、士力架（Snickers）、Milky

---

* 譯註：美國服裝品牌Polo Ralph Lauren的創辦人與設計師。

† 譯註：巴勃羅．艾斯科巴是二十世紀的哥倫比亞大毒梟。

Way糖果、三劍客（3 Musketeers）、Rolo糖果、巧克力焦糖糖果、椰子和杏仁巧克力糖果棒，以及你想得到的各種糖。這些糖果從來沒有見底過，我也很好奇他是從哪裡找來這些糖的。但我們什麼都沒過問，只有埋頭苦幹。

我從第一天起就遇到了很多球迷，感覺根本沒工作多久，很快就賺到了六十美金，所以我迫不及待地想繼續上工。他每個周末都會準時出現，每個星期六、日，只要有主場比賽，他都會來接我們。他可能是個酒鬼，因為他的車廂裡除了滿地的糖果盒之外，到處都是空酒瓶，瀰漫著昨日的酒味。但是，老兄我告訴你，這傢伙很有原則。他從不遲到，也總是有著充足的貨源，把全部的心力放在賺錢上。

當我們生意真的很好的時候，老雷茲就會帶我們去馬歇爾百貨（Marshalls）。他早就知道我們想買新的Polo衫，我們一直在聊這件事，也一直想穿Polo衫。那裡最便宜的Polo衫只要十五美金。馬歇爾的Polo衫有時有點瑕疵，像是騎在馬上的馬球選手看起來有點醉。我們不在乎，因為我們太想穿雷夫・羅倫的衣服了。羅倫還創了另一個比較平價的品牌叫Chaps，但買這個來穿的話，窮酸味就太明顯了，我們寧死也不穿它的衣服，還開玩笑地說這個品牌是「連一件Polo衫都買不起」（Couldn’t Have a Polo Shirt）的縮寫。然後，如果我們還剩下多餘的錢可以買球鞋的話，就會去逛商場。有時我會思考雷茲為什麼不自己賣糖果，這樣他就可以獨佔全部的錢。但後來我明白人們更喜歡跟孩子買東西。在你掏錢出來給城市裡的黑人小孩一點支持鼓勵時，會讓你有一種帶來了一點影響力的感覺。顧客們可能會幻想我們會把賺來的錢用於黑人學院聯合基金（United Negro College Funds），但其實我們只想買衣服。雷茲知道我們想要什麼，也知道那些人會對我們有什麼反應，而他利用了這兩點。

在我靠這些事情賺錢之前，我有時候會到市中心，去不同的商店偷新衣服。我沒有以此為傲，而是要訴說我也有一些黑暗時期。杜克沒有去偷東西的必要，因為在雙親的照顧下他有點被寵壞了，而且他也懶得只為了去商場找件襯衫就走那麼遠的路。肯尼有哥哥和祖母在照顧，有哥哥在身邊代表著兩件事：第一，他們知道要追上潮流的壓力，可不能讓自己看起來像個乞丐。第二，即使大家都口袋空空，你還是可以跟他們借衣服，藉此盡力讓你的穿著搭配保持新鮮感。所以大多數時候，只有我迫切地有新衣服的需求。我很不想給我媽媽壓力，而我知道迪克除了帶給我困擾之外，不會給我任何東西。

我們在美式足球和棒球比賽與雷茲合作賣糖果的生意維持了整個球季，我們存了很多錢，買了很多新的衣服、帽子和球鞋，也得到不少快樂的時光。我和肯尼有好幾個周末都在幫杜克的忙，他在賣糖果方面不太順利，來看比賽的觀眾看起來不太想跟他買，因為他看起來就像是在賣糖果的成年黑人，他們不知道他跟我們一樣都只是個孩子。擦窗、賣糖果以及其他類似的小生意，只有在你看起來還是個孩子的時候，才有人願意買帳。

一旦你不再可愛，人們也不再那麼慷慨。那個球季結束後，我們再也沒見過雷茲，說真的，我也沒有很認真去找他，籃球已經逐漸佔據了我所有的空閒時間。後來我聽說雷茲不再做賣糖果的生意了，因為有些孩子沒有付給他應得的分潤，或者找到了自己的糖果來源所以無須再和他合作。這種小本生意就是這樣：因利而聚散，分合無常。

第十三章　重新開始

我和大杜克坐在台階上，在落日沒入雲層與夜幕降臨時，聊著我們瘋狂的籃球與美式足球賽程。大杜克打斷我，說要回房間拿飲料來喝。在他走進屋裡時，我看到一個人在街上蹦蹦跳跳、像左右搖擺的波浪一般揮舞著手臂，其中一隻手拿著一個行李袋，臉上掛著大大的微笑。

「唷！唷！」我聽到了這個聲音。

我瞇起眼睛，但還是看不清那個人的身影。

回到外頭的杜克問道：「唷，那個揮手的人是誰啊？」

「我不知道。」我回答。

「唷，小羅！小羅！」

聽到他的聲音，我便說：「唷喔喔喔！是阿吉！」我跑到街上給他一個大大的擁抱。他渾身散發著老酒和香菸的味道，像是剛狂歡了一番。我立刻開始跟他說我在球場上的所有表現，像是我的球技變得有多好、我的運球變得有多流暢，以及我靠著賣糖果賺了多少錢。我後退了一步注視著他，他的眼睛有點泛黃，身形不若我記憶中的阿吉那般俐落。他看起來很累、神情恍惚，彷彿有一部分的自己被丟在了紐約，似乎有點不對勁。

「能看見你我也很開心，兄弟。」阿吉笑著說，「現在的紐約實在太瘋狂了。我們去球場吧，讓我看看你說的變強是有變多強。」

「我們走吧！」我興奮地說。

我媽媽對於阿吉在紐約的事情以及在巴爾的摩惹出的事端有所耳聞，所以常常關心他在街頭鬼混的行為。「阿吉，照顧好你自己。」她總是這麼說。

他從聖法蘭西斯學院退學，或者是被退學，不管怎樣，重點是他現在回來了，我們可以重新開始。顯然，阿吉在紐約惹上了一些麻煩，這對我來說不難想像。他是我的表哥，也是我的榜樣，但這傢伙是個莽撞的人。他敢和任何人打架，就算你有七呎高、有三百磅的肌肉，如果你不尊重或惹惱了阿吉，他就會對你揮拳。而如果他的右鉤拳不管用，那他就會帶著球棒回來。他會一次又一次地反擊，直到你屈服於他為止。阿吉的這種精神是一種天賦，也是一種詛咒，因為在這個社區裡，你必須夠堅強、為自己挺身而出。但從另一個角度來看，如果你和某個在道上混的或是和危險幫派有掛鉤的人爭吵，就有可能被殺。這是雷德胡克區的真實情形，在巴爾的摩則更嚴重。在雷德胡克區，人們會因為你的不敬讓你即刻斃命，而在巴爾的摩，人們會把殺人當成一種娛樂。

我現在更年長了一點，我熟悉這裡的街道、人們和構成我的生活圈的各個角落。這個王國從我家的門前展開，而墨菲之家是這一切的中心。王國裡住滿了時常拜訪彼此的人，這個情感連結將我們融為一體。大手伍迪是這個王國的統治者，他很看重我，希望他也能看在我的面子上給阿吉一點尊重。

我剛搬來巴爾的摩時，大手伍迪是這個地區的統治者。他進過監獄，出獄後，便馬上重新統治了這個街區。較為年長的伍迪臉上總是掛著燦爛的微笑，我剛搬來默特爾大道、和亞方因為鑰匙事件而打了一架後，他在初次與我打招呼時便露出了這個笑容。人們叫他大手，是因為伍迪很會打架，是個打架高手。在我長大後，我了解到大手伍迪在墨菲之家是個鼎鼎大名的人物。在墨菲之家有一群人掌管著這裡的事務，大手伍迪不僅是最初的成員之一，更是他們的老大。大家都景仰著伍迪，人們不僅會模仿他的動作、語氣，甚至還會模仿他開玩笑的方式。有天，他發現我在巷子裡用木箱做成的籃框打球，看到我連連進球後，他說：

「小子，你真有兩下子！」

「謝了。」如此回應的我繼續投籃。

「繼續打下去，小子，你很快就能強到夠格和我們一起打球了。」

在那天後，伍迪便力保每個人都會對我展現出友愛與關懷，從那時候開始，我便知道自己在這裡是安全的。現在阿吉回來了，他是我的表哥，我相信伍迪和其他比較年長的人也會關照他。

當下，市政府正在拆除墨菲之家。警方已經對失控的暴力事件失去信心，許多居民希望改變現狀。在東巴爾的摩惡名昭彰的拉法葉住宅區（Lafayette housing projects）遭到拆除後，大家都知道墨菲之家就是下一個。市政府開始疏散住宅區的人，準備進行大規模的拆遷。比較年長的居民得到了可以搬到巴爾的摩縣或是郊區的票券。在大樓裡的人們開始搬家的同時，卻有許多年輕人不願離開，伍迪和他的夥伴更是如此。此外，這個社區的興旺也與他們的生意息息相關，他們在我住的這個街區開店，這也是我們那天會在巷子裡相遇並建立起友誼的原因。從來到默特爾大道的第一天起，我便永遠成為了墨菲之家的一分子。在我需要幫忙時，墨菲之家的人們總是在我身邊。伍迪有時候甚至會給我們幾塊錢花用，因為他知道我們是運動選手，不會跟他們搶生意。他們成為了我的家人，尤其是伍迪，如果有人找我麻煩，他們就會立刻搞定這件事，甚至不需要我開口。

我們常常在周六晚上去搖窯擺擺運動中心（Shake and Bake），我們都直接稱它為「窯擺中心」（Bake），是我們社區中一個大型的直排輪溜冰場。那是我們這幾個小孩子除了參加體育賽事和在街道上閒逛之外，唯一能在周末進行的娛樂。窯擺中心位於賓夕法尼亞大道，就在一個圓頂建築的對面。L&D，也就是勞倫斯街（Lawrence Street）與迪維駿街（Division Street），在運動中心的後方。而在運動中心前方的，則是沙鎮—溫徹斯特社區（Sandtown-Winchester）。以這個直排輪溜冰場為中心，來自四面八方、各個不同的社區的人匯集於此處。我們喜歡去那裡，杜克、肯尼和我會為了安排去窯擺中心的行程而花上一整個星期。通常我們過去的時候，那裡的氛圍大都很平和，但有時來自不同街區的孩子們混在一起，就可能會引起麻煩。

我們有天去的時候，就發生了比較比較激烈的情況，我也不太確定發生了什麼事。可能是為了一個女孩而發生的爭執，也可能是因為從別的社區來的幾個傢伙一直想和我們幹一架。我什麼都沒問，我已經準備好迎戰，杜克、肯尼和我是兄弟，如果你打了其中一個人，就代表你跟我們所有人作對。於是我走出窯擺中心，握緊雙拳，準備好揮向迎面而來的任何一個敵人。不過，出現我面前的是伍迪。

「唷，小子，老弟，上車！」我不知道是怎麼一回事，但我知道他是來保護我們的。

「唷，上車！」伍迪憤怒地說了第二次，「你們他媽的在這裡幹什麼？」

一開始我不知道他幹嘛這麼不爽，而後來我才知道，兩個互看彼此不順眼的社區約在這裡見面，打算了結他們的恩怨。可能會有人因此被刺傷、被槍射中甚至被殺。伍迪知道這件事，但我們毫不知情，因為我們只是想去找點樂子的孩子。伍迪一直在保護我們，想方設法地讓我們能有個不用擔心這些事情的童年。

我很高興能融入這樣的社區，也想和阿吉分享我在這裡的體悟。他不用再擔心紐約那些亂七八糟的事了，因為巴爾的摩的生活會讓我們過得非常非常棒。

墨菲之家接納了我，這裡的人更花了多餘的心力來讓我遠離街頭。我不可能在伍迪的眼皮下接近任何毒品、槍枝或其他犯罪工具。如果他發現我在容易發生犯罪的場所附近探頭探腦，就會說：「這跟你沒有關係，回家去！你明天還要練球！你明天還要上學！」

「梅羅！梅羅！梅羅！梅羅！」伍迪和其他人也會注意我的媽媽有沒有在窗邊叫我回家。

「唷，老弟，你媽在叫你，」伍迪會說，「快給我回家去吧！」

我們的關係就是這樣。我可以和他們在平日上街閒逛，坐在外面聽他們講巴爾的摩以前的人的故事。有些人像小梅爾文（Lillte Melvin）一樣，不擇手段地賺錢。*也有人成為像安東尼・瓊斯（Anthony Jones）的瘋狂槍手，但也因此再也見不到明天的太陽。†他們告訴我這些故事，並不是想讓我也成為一個街頭混混，而是希望藉此讓我明白我所身處的城市有著什麼樣的歷史，並從這些犯錯且再也沒有機會彌補的人們身上吸取教訓。

「唷，幫我跑一趟商店，快點。」伍迪有時候會這麼說。

「沒問題，好的，你想買什麼？」而我會這麼回答他，然後去幫他買東西。他會讓我留下零錢、買點自己想買的東西，只要我做對的事，就可以繼續和他們待在一起。

阿吉對我在這個社區中得到的好名聲感到很滿意，也對大家對我的照顧以及我把心思全放在運動上感到欣慰。阿吉也加入了保護我的行列，不准我待在街上太久，且要我務必居安思危、時時保持警覺，因為任何事情都有可能在你意想不到的時候發生。

阿吉仍然在巴爾的摩尋找自己的立足之地，他需要弄清楚的，就是他想要專注在什麼事

---

* 譯註：「小梅爾文」梅爾文・威廉斯（Melvin Douglas "Little Melvin" Williams）是一九六〇年代在巴爾的摩因販運海洛因而聞名的毒梟，被捕後改邪歸正，成為社運人士，後來也曾在於巴爾的摩實地取景的《火線重案組》（The Wire）扮演一位教堂執事。

† 譯註：安東尼・瓊斯是一名至少參與了十二起謀殺案的毒販，曾派刺客去醫院毒殺死對頭、在入獄時透過暗號命令同夥去殺出賣自己的人。

物上、回到學校，並重新開始打籃球。我覺得這不難，因為每個認識阿吉的人都知道他是巴爾的摩最優秀的後衛，毋庸置疑。

第十四章　另一個巴爾的摩

「把那該死的東西關掉！」我的繼父從牆的另一邊大喊，「你是聾了嗎？幹！」

音樂根本沒有那麼大聲，我覺得他只是想找個理由罵我。迪克的狀態確實不太好，他正在和糖尿病奮戰，而糖尿病顯然佔了上風。幾天前，杜克和我坐在台階上吸吮著一包甘草糖、聊著美式足球時，看到迪克踉踉蹌蹌地走在街上，然後倒在了馬路中間。我從門廊上跳了起來，衝過去把他的手臂放在我的肩膀上，並把他沉重的身軀從地上抬起來。

「嘿，唷，撐著點，老爹，」我一邊說一邊把他拖進家裡，「你會好起來的。」

在我把他抱到床上時，他翻了個身。他的眼裡充滿血絲，臉上有著不甘心、滿腹苦水且茫然的表情，並憤怒地說：「去拿我的胰島素！然後就別來煩我了！」

我拿起胰島素，並把他要的東西放在他的床邊。這不是我唯一一次從街上或客廳的地板上把他抱回床上，這種情況已是家常便飯。

「你他媽是有什麼毛病？」迪克對我的方向大吼。

「祝你有個愉快的一天，老爹。」我說完後，走出大門，朝著學校走去。

我可以對著迪克吼回去，跟他說自己的事情就自己來處理。我也可以告訴他，他需要多給我一點尊重，因為我是唯一真的會關心他的人。我可以把他抓起來，把他摔得東倒西歪，抓著他的頭猛敲地板。但我不是這種人，我不是那種不尊重別人的人。我把我的滿腔怒火都發洩在運動之中，迪克這些無禮的舉動在我心中埋下了一顆憂鬱的種子，但因為有我的朋友、學校和阿吉在，這顆種子被深深埋到了地底，深到我常常忘了它的存在。我也知道，我的母親真心誠意地深愛著迪克，所以我也愛他，不管他對我的態度有多差。

我也在想，得到糖尿病一定非常痛苦。他那陣子看起來很虛弱。在生病之前，迪克是那種不停工作的人，是修繕工人的典範。想像一下，一個黑人男子，戴著捲邊毛帽、一年四季都穿著老舊寬鬆到要用吊帶固定的牛仔褲、套上看起來很破舊的發熱衣，不管是暖氣、水管、空調、崩塌的屋頂、交流發電機、傳動裝置、漏油還是嘎嘎作響的煞車，他什麼都能修，甚至可能可以親手從零開始蓋一棟房子。迪克就是這樣的人，他是修東西的超級天才，而且不用花多少錢就能把這些事搞定。他壯得像頭牛，能一次扛十袋的雜貨，或是背著冰箱爬樓梯。現在他幾乎無法靠自己走到馬路上，每走必摔。我能夠理解他為什麼會深感挫折，如果像是籃球或美式足球這些我喜歡的東西被剝奪了，我也會有同樣的感受。

我在離開家並走向教室時，這種壓力便立刻煙消雲散。我在皇家山中學（Mount Royal）展開我的中學生涯，這裡的氛圍與富爾曼・L・坦普頓第一二五號預備學院完全不同，教室更大、更乾淨，學校裡到處都有電腦。即使只是走在上學的途中，也足以讓我忘卻家裡的混亂。剛搬來巴爾的摩時，我的世界只有四個街區，在這四個街區裡，有酒類專賣店、雜貨店、教堂、小市場、學校和洗衣店。我們在買衣服時會離開這個範圍，但能買到其他必需品的地方都離我們不遠，我們無須長途跋涉，便能買到很多東西。在我必須走路去皇家山中學上課之前，我對這個領域之外的世界一無所知。前往這座學校的路，就像是走向、或是搭乘一輛自由列車駛向自由的漫長旅程。離開自己的家後，我走過墨菲之家、麥卡洛之家（McCulloh Homes）、破爛不堪且僅是半成品的排屋、一個被我們稱作「底層」（Bottom）的社區、一個人稱「謀殺商場」（Murder Mall）的商場*、我媽工作的教堂所在的懷特洛克街

* 譯註：指麥迪遜公園北購物中心（Madison Park North Mall），因頻頻發生的毒品交易、槍擊案件以及其他刑案而得到該稱號。

（Whitelock Street），然後到達尤托街（Eutaw Street），那是一個完全不同的世界。

穿過尤托街後，就像到了另一個星球，離開黑人的世界，走進一個完全陌生的國度。你會看見此前從未在墨菲之家看過的事物：也就是白人。你會看到白人在慢跑、洗車、推著嬰兒推車、喝咖啡、在門廊上看報、談笑風生，過得十分愜意。白人都過得爽得要命。有一次，我看到一位白髮蒼蒼的老太太穿著白色長袍在彈豎琴。我當下的反應是，我上天堂了嗎？這是哪裡？好的，我當時在波頓山丘（Bolton Hill），是巴爾的摩市最富裕的社區之一，直至今日也依然如此。這個社區由褐色石磚砌成、三層或四層樓的美麗房子組成，有著一股獨特的氛圍。這裡有美麗的公園以及許多設備，供附近馬里蘭藝術學院的學生和許多住在這個社區的醫生、法官、律師、企業家、政治人物和富有的專業人士使用，而他們絕對不會想要經過那個被我稱之為家的區域。我朋友和我很喜歡在萬聖節時去波頓山丘，因為這些白人很重視這個節日，他們會毫不手軟地拿出全尺寸士力架巧克力棒、Twix巧克力、大包的Starburst綜合水果軟糖，而且還是限定版的全粉色系列！原來真的有人買得到全粉色的Starburst？對這些人來說，金錢就有如浮雲，而且說真的，自從在萬聖節去過那裡後，就會對墨菲之家的人們給你的小糖果、教堂老奶奶發送的奶油糖和薄荷糖失去興趣。

我每年萬聖節都會去波頓山丘玩，除了有一次杜克、肯尼和我被搶之外，其他幾次都很順利。當然，我們不是在波頓山丘被搶，但你在回到墨菲之家之前，還得經過懷特洛克街。當時勞倫斯·泰德（Larenz Tate）主演的《絕命戰場》（Dead Presidents）剛上映，我們沒錢買華麗的服裝，但杜克提出了一個好主意，就是打扮得像電影裡想要開裝甲車的人。塗上亮白的臉部彩繪、穿上黑色的上衣、長褲並畫上黑色的骷髏頭，我們盡可能地模仿了劇中人物，穿上衣服，然後便出發了。從波頓山丘收集完幾大包全尺寸糖果後，我們笑看著成果豐碩的彼此，然後在一條巷子經過了一群人，他們用飢渴的眼神死盯著我們塞得滿滿的袋子。「別擔心，那群人我認識，我跟他們打過球，」我跟夥伴們說，「我只要在接近他們的時候打聲招呼，就可以繼續走了。」

隨著我們越來越靠近他們，我繃緊神經、挺起胸膛，走在最前面帶領另外兩個人前進。我們走到了巷尾，此時，有大概三十個人跟在我們後頭，另外有十五個人擋在了我們的前方。

「兔崽子們，把他媽的糖果給我交出來！」其中一個年紀比較大的傢伙說出這句話後，他們逐漸逼近。

不用說，我們交出包包，然後離開那裡。幸運的是我們沒人受傷，而且我們隔年當然還是去了波頓山丘，因為他們的糖果最好吃。說真的，如果我們能守住那幾包糖，被揍一頓也值得。

那附近的人們看起來都神清氣爽，從來不會像你從迪克或其他黑人身上看到的那樣，露出精疲力盡、生無可戀或是被煩惱給壓垮的樣子。那個社區裡和迪克同年齡層的男人們，看起來有著可以慢跑十公里、和自己的孩子們玩捉迷藏然後再談成一筆重大交易的精力，然後還能露出一個精神飽滿的微笑。波頓山丘的人們的工作量大概跟我們社區的人比少得多，但他們能賺到的錢是我們的十倍。住我們那條街上的人，每個人都要做兩份、三份或四份工作，根本沒有時間在公園做瑜珈或是和狗玩飛盤。他們不得不工作，但結果可能都是為了別人的財富而工作。白人的生命歷程與黑人截然不同，每當我走過尤托街，就像按下切換現實社會這兩個面貌的開關。隨著年紀越來越大，我了解到巴爾的摩就是這樣的城市。百萬富翁們住在這條街的一側，另一側，則是窮人住的住宅區。這兩個平行世界永遠不會交叉，兩個不同世界的人永遠不會交朋友，永遠不會注意到對方的存在。每個人都接受這個現實，尤其對有錢人來說更是無所謂。這是我第一次了解到種族主義產生了什麼樣的結果，也是我第一次稍稍理解繼父的挫折感從何而來。不管他怎麼工作也永遠不可能過著像這些人一樣的生活，更何況他現在幾乎沒辦法工作了。

我很喜歡走過那個社區，這給了我一種力量，一種在家裡得不到的安心感。我知道我不是有錢人，也和這裡的人毫無瓜葛。但光是待在這裡，就能讓我喘口氣。我常常繞遠路回家，我不在乎有多晚，只想盡可能地待在波頓山丘社區越久越好。

我們失敗的學校體系中存在著很多值得討論的問題，而每個人都知道巴爾的摩的學校有多慘。糟糕的基礎設備、壞掉的暖氣和空調、乏善可陳的教材、未經培訓的師資以及老舊、破損、被畫滿塗鴉的教科書。儘管這麼說，我必須承認我在皇家山中學獲得了相當不錯的教育。對我來說，它是間好學校。這是我第一次不是為了運動而走出這個社區，我認識著人生不以默特爾大道為中心、生活在這個城市裡不同地區的孩子，並學習怎麼和他們相處，我喜歡用新的角度看事情，這感覺很酷。我確定波頓山丘的孩子們大概都去上私立學校了，但這裡有很多孩子來自巴爾的摩不同的地區，而他們與在墨菲之家生活的我有著大相逕庭的成長歷程。

我最喜歡的科目是數學，我一直很喜歡數字以及它們的計算方式，以及我可以利用它們做什麼。我也一樣喜歡自然跟歷史，尤其喜歡老師們坐下來為有關六〇、七〇年代社會運動的題材進行辯論。那是我的親生父親為了改變現狀而深入街頭、組織活動、抗議並奮戰的時代。他可能經歷過的事件，能夠藉由人們的口耳相傳傳承下來。

有關馬丁・路德・金恩博士（Dr. Martin Luther King Jr.）、麥爾坎・X（Malcolm X）和

黑豹黨的歷史課對我來說都很有趣，身為一個年輕的黑人，我知道很多場合中會遇到無能為力的事，尤其在上歷史課時更是深有所悟。但我們接下來學到那些與我們相仿的人們帶領了那麼多的黑人對種族、經濟、文化與階級產生新的認識，這些知識、無邊無際的資訊，給了我希望，也迫使我投入其中。

「哎，唷，上學真是無聊，兄弟。」我有些朋友常這麼說。

不，我不覺得無聊。**上學才恰恰是我們該做的事。**

我的電腦課老師強森女士（Miss Johnson）是一名年輕的黑人女性。她既酷且風趣，而且她的時尚感遠遠超過了普通的老師。在那個時候，在你想到老師時，會浮現一位老奶奶戴眼鏡、穿著棕色矯正鞋的形象，但強森小姐所穿的一切都是最新的款式。我常想其他老師應該很想知道她在哪裡購物的，而我知道學生們也很好奇這件事。我只知道她是有史以來最好的老師，而我不是唯一一個這麼想的人。她很聰明，知道自己該做什麼來做好自己的工作，而且你感受得到她是真的熱愛教學。從我踏入皇家山中學的第一天起，她就給了我很多幫助。有這位真情流露、真心誠意且善良的人在，讓我感到很幸運，也慶幸自己是個聰明的孩子。

我媽媽也很喜歡皇家山中學，她一直是我在求學路上的後盾。我媽媽有很多工作要忙，所以在我開始打校隊後，她沒辦法每場都來到場邊觀戰，但是她從不缺席親師宴，之前我在學校參加合宿活動時，她也會確定我有沒有到場以及過得好不好。這些舉動對我而言有著極大的意義，因為我知道她必須在照顧我和繼父的同時，還必須照顧阿吉、我姊、我姊的新生兒還有我在紐約的哥哥們。我永遠不會知道我媽媽是怎麼找出這之間的平衡的。那時仍十分年幼的我，還沒有辦法減輕她的負擔，但我也絕對不想帶給她更多的壓力。

如果這代表我必須為此、為了在體育競賽中得到出賽資格而獲得好成績，那我很樂意去做。這很簡單，因為皇家山中學實際上在我上過的學校中是最輕鬆的。我也會幫我繼父的忙，因為我媽值得我為了她這麼做。

第十五章　止痛藥

連泡泡都被喝光的Old E空瓶從房內塞到了街邊，St. Ides酒瓶在垃圾桶裡碰撞著，發出乒乒乓乓的聲音。床邊堆滿了Colt 45啤酒罐，令他的房間、身體與氣場都飄盪著一股濃濃的麥芽酒味。這就是現在的阿吉。他總是隨身帶著某種啤酒或一瓶烈酒，使酒精的氣味彷彿成了他的氧氣。別誤會，我的表哥仍然是我所知道的最強籃球選手，還是穿著牛仔褲和厚重的靴子踏上球場，並把防守者晃得東倒西歪、跌坐在地，甚至還能在身高是他兩倍的防守者頭上灌籃。但他現在也是個酒鬼。我不知道在紐約發生了什麼事，我不知道是什麼原因讓他決定回到巴爾的摩，甚至也不知道他回來後經歷了什麼。我只知道，他需要用酒來面對這一切，這是他的頭號止痛藥。在遇上不愉快的事或難關時，媽媽會去教堂、賈斯會尋求知識與理解事物、狼哥會消失一陣子並在他展開冒險的地方找回自己的理智，這都是他們的避風港。或許籃球就是我的避風港，如果我不能打籃球，也會和阿吉一樣低落。我將籃球當作我的情緒出口，也希望阿吉能和我一樣，靠打籃球走出低潮。

我很快就發現迪克也有自己的止痛藥，大家都知道迪克正在與糖尿病奮戰，這是我們家社區常見的疾病。老實說，我想不出有誰的媽媽或祖母沒有因為高膽固醇或高血壓的毛病而服藥、注射胰島素或因糖尿病足而被迫截掉腳趾。有天，我在家裡打掃時走進迪克休息的房間。房間裡散落著報紙、被弄髒的工作靴、鬆動的工具還有被裝在白色瓶蓋、橘色瓶身的塑膠藥罐的藥丸。藥瓶的一側上寫著像是每五小時吃一次或每天餐後服用兩次之類的說明。

我本來以為房間裡面沒人，但迪克也在。他一下子醒來，一下又昏昏沉沉地打盹，就像我運著球要去球場打球時，在街角經過的那些毒蟲朋友們一樣。我一開始以為這應該是胰島素的某種副作用，他可能因此很想睡覺，但他又努力地想保持清醒。我盡可能地不發出太多噪音，從地上撿起他的皮下注射用針頭。然後我開始在端詳四周時發現了其他相對應的東西，包括橡膠管、一把燒焦的湯匙、一個打火機、一個小的空袋子，這些都是吸海洛因要用的工具，迪克現在在嗑藥。

最讓我無法接受的是我媽媽和姐姐一定知道這件事，卻選擇不告訴我，好像把我當成了不住在這個家的外人、好像覺得我沒有在迪克買毒的那條街上走跳一樣。他們怎麼會覺得不必告訴我這些事？

他們總是瞞著這些事不告訴我，他們總是用「我們不希望你知道、我們不希望傷害你。」這種話當藉口、閃躲這個話題。我能理解，但我希望他們知道這個道理：我會從外面知道這些他們不願告訴我的事情，如果我能從我最信任的人口中了解到這些事會更好。關於他的事，他們對我絕口不提，但我從伍迪和其他的街頭大老們那邊獲知了詳情。這段時間以來，我在家裡一直走得小心翼翼、盡可能保持安靜，把我的東西全部收好，盡我所能地避開迪克。不過如果他呼喚我的名字「卡梅羅！」時，我還是會幫他一把。如果他下不了床，我就去扶他。如果他要吃藥，我就去幫他找藥，以及滿足他的其他要求：牛奶、雞蛋、冰塊、去商店跑腿等等。如果媽媽在工作，這些任務就會落在我身上。我有扛起照顧他的責任，所以我覺得他們應該告訴我發生了什麼事。如果我的年紀已經大到可以照顧他，就已經年長到足以知道我在照顧的人身上發生了什麼事。

在這段時間，我常常想起我的親生父親。如果他還活著會是個怎麼樣的人？我們還會經歷這些事嗎？迪克總是瘋狂地對我大吼大叫，而看著我的家人經歷了這麼多的痛苦，令這些痛苦已經成為了我的一部分。我在參加籃球比賽時看過許多來為自己的孩子加油打氣的父親，或許我的父親也會來看我比賽，而且場場不缺席。或許他會幫我成長為一名更好的球員，也或許我根本就不會來巴爾的摩。我愛巴爾的摩，但他說不定比較想留在紐約。

我常常問我媽「為什麼你沒跟我爸結婚？」之類的問題，但我從來沒有得到過答案，而這只會讓我對他感到越來越好奇。但幸運的是，我們在參加家庭聚會時，親戚們常常會跟我說許多有關他這個人有多棒的故事，讓我知道他是個有多麼風趣、聰明、強壯的人，是既有領袖風範，也是個愛好革命的人，和迪克完全不同。我的父親致力於為黑人與拉丁族裔將雷德胡克區打造成一個更好的地方，而這可能也是我這麼熱愛民權運動的原因。如果我爸還活著，他可能已經成為波多黎各版的麥爾坎・X或金恩博士。他可能已經寫了一本關於社會改革的書，並在一部黑人與棕色人種如何進步的紀錄片中擔任主角。但我們失去了他，而現在我跟迪克永遠一起被困在這裡。

在一個秋高氣爽的日子，我正在街上和杜克玩傳接球。在我叫他站遠一點時，迪克神情憤怒、一拐一拐地走過我們身邊，眼神中充滿了恐懼。他大概走了三步後就跌倒了，他靠著自己的力量辛苦地站起來後，繼續朝賣酒的店走去。杜克和其他的孩子們見狀後都在說：「去捉弄一下迪克先生！去惡整一下迪克先生吧！」

不管我繼父對我有多壞，我都不會把他丟在外面，也絕對不會讓外人這麼奚落他。拋開自尊去做我該做的事，對我來說並不難。我跑過去幫他，他卻大叫：「把你該死的手拿開，我很好！」

他一點也不好，但我相信，等他從街角的那些人手上拿到他需要的東西後，就會好起來的。我先去找了阿吉，因為賈斯和狼哥都在紐約，他便充當了大哥的角色。

「迪克會沒事的，小羅。」阿吉邊說，邊拿起四十盎司的酒瓶喝了一口，「別擔心這些事，擔心你該做的事，那就是做好你身為一個孩子的本分，老弟，享受你的童年時光吧。」

從某方面來說，這是個不錯的建議，但阿吉自己的狀態也好不到哪去。他酗酒越酗越兇，一開始，他只是身上一直有啤酒的味道，現在，他則根本是酒瓶不離身。他造訪我們家的時間，也開始在半夜奇怪的時間點出現。白天的時候，他會帶著一根高爾夫球桿走在默特爾大道上，朝著四面八方揮舞著球桿，就像忘了吃藥的瘋子一樣。晚上的時候，他會把一把削短型霰彈槍藏在牛仔褲或大衣底下，他總是保持警戒、不停地轉動他的頭、仔細地盯著人們，故意尋找機會製造衝突，或是找別人的麻煩。籃球已經不再是他主要的話題，雖然他有時會跟我聊聊我的籃球路，但對他而言，籃球已經不再是他計畫中的道路了。

我聽說他到處惹事生非、和別人打架，可能也用他的高爾夫球桿打過人，但我們從來沒有聊過這件事。有一天，他一身狼狽地走進家門，臉上滿是傷痕、衣服上全是乾涸的血漬，這真的嚇到我了。我不知道該怎麼安撫他，沒有做擁抱之類的舉動，於是我只好問：「哥，發生什麼事了？」

「唷，你不會想知道的，相信我，不過我沒事，老弟。」渾身散發出像啤酒灑出來的味道的阿吉說，「我很好，別擔心。」

還有一次，阿吉跟我說了奇怪的話：「要一直保持耐心。小羅，繼續保持耐心。如果有個東西命中注定屬於你，那你有一天會得到它的。」

我從來不知道自己該在什麼方面上保持耐心，我不知道自己想做什麼，也不知道自己想成為怎麼樣的人。我尊敬阿吉和伍迪，但我沒有能在傳統意義上帶領我走向正途的榜樣。我有教練，但我知道他們會對我好，有一部分是因為我籃球打得好。不會打球的孩子們沒辦法得到一樣的待遇。沒有人會邀請他們加入，也沒有人會和他們一起為取得的成績而慶祝，而是被拋在一旁。這批人通常就是最早開始接觸吸毒和賣毒的人。所以，我該有耐心地為了什麼而等待？我知道沒有人會來拯救我，我沒辦法想像有人會坐在我身邊，告訴我要知道怎麼做才能成為一個男人。我所擁有或學到的一切，都是來自於我的親身經歷。如果出現一個年長的男子來告訴我：「不對，梅羅，鬍子應該這麼刮。」對我來說就像是一齣情境喜劇。我從來沒有過這種經歷，我可能在《新鮮王子妙事多》（*The Fresh Prince*）之類的節目裡看過類似的場面，但那也就只是電視節目而已。我身處於一個不是殺人、就是被殺的環境，而讓我明白這件事的人就是阿吉，所以他跟我說這些話是什麼意思？為什麼他要跟我說一些僅存於想像中的生活方式，卻不按照自己所說的這種方式過生活？

「嘿，唷，阿吉搶了那家賣大麻的店」、「阿吉在那個街區開槍了」、「阿吉已經沒血沒淚了，他要和每個人開打」，關於我表哥的傳聞逐漸擴散開來。不知不覺間，待在巴爾的摩對他而言已經不安全了，惹出這麼多麻煩的他，必須回到雷德胡克區避避風頭。

「小羅，我會重整旗鼓、處理一些事情然後回到這裡的。」就像上次一樣，他又跟我說了這些話，「照顧好自己。我會在紐約找到自己需要什麼，然後我們就能重新開始了，寶貝。」

我知道我會想念他的，畢竟除了想念他還能怎麼辦？他已經不像以前一樣常常陪在我身邊。所以我繼續投入於各種能夠消磨時間的事物之中，在活動中心參加更多比賽、更常和肯尼與杜克一起打發時間，以及增強自己的球技。繼父依然需要我的照顧，但是在我有時間休息時，我也一定會找點樂子。

我之前提到，我媽媽在我年幼時常常帶我們去紐約像是公園、電影院之類的好去處、去吃新推出的餐點，還有去看我最喜歡的摔角比賽的事。在巴爾的摩沒有這種好康。我不確定是因為我媽媽的工作量增加了，還是因為這座城市不像紐約有這麼多活動。但也並不是完全沒有娛樂了；我們確實進行了很多家庭活動，像是盛大的燒烤派對或是能讓一家人聚在一起的聚會，來自紐約和美國南方的親戚會來到巴爾的摩，或我們過去拜訪他們。而通常在我沒有參加這類家族聚會時，就會和朋友們一起閒逛。

每星期六，與墨菲之家相連的每個社區會集結起來並一同前往內港。巴爾的摩內港一直是個旅遊景點，有許多老牌連鎖餐廳、科學中心、水族館和腳踏船，但對我們這些孩子來說，這裡是我們見面的老地方。我們不知道有哪裡是更好的選擇，我們對街區之外的地方都不熟。這座城市裡幾乎從每個地方出發的公車都會經過內港，或是停靠在內港附近，所以它成為了一個絕佳的碰面地點。我們通常會約三十或四十人一起去，有老有少、形形色色。我們必須組成一個大團，因為東巴爾的摩人和來自南巴爾的摩、櫻桃山丘（Cherry Hills）的人也會從四面八方集結於此，大家都想來市中心。說真的，我們來這裡只想吃點披薩、把幾個妹、找點樂子，不是想來找別人的麻煩，但我們也不會在被找麻煩時忍氣吞聲。

有天晚上，我剛好來到了瘋狂約翰（Crazy John's）披薩店，在我要點餐時，整個店裡突然打起來了。後來我聽說，他們會打這場架，是因為有塊披薩被偷了，聽說是這樣。我當時不知道這件事，因為這場架實在是打得太突然了。如果要我現在回過頭來猜，我會覺得這場架是有人預謀的，因為隨時都有人在找藉口向他人挑釁。不是每星期都會發生這種事，但我已經做好了它每個星期都有可能發生的準備。在來到這裡的半路上，我們都在吹噓如果有人找我們麻煩，我們會怎麼修理他們。

於是，這場衝突就這麼爆發了，我打了一些人，也被一些人打了，而這場衝突也隨即演變成一場蔓延到街上的瘋狂混戰。每個人都參與了這場打鬥、每個社區都在為自己而戰，你必須為了自己的街區挺身而出，因為如果有人發現你逃跑或是畏畏縮縮的，就再也不用出來混了。別想再出來打籃球、在門廊閒晃、賣糖果，別想再出門做任何事。在那個時候，你身在巴爾的摩，就必須要學到這些生存法則。

場面很快地變得難看起來，但最後這場架還是結束了，因為有個人在跑過人群時，還牽了一頭張著大嘴巴、嘴角流著口水的鬥牛犬。這頭鬥牛犬看起來很餓，也看起來像得了狂犬病，或者兩者皆是。我們看到那隻狗後，全都跑得像是變成了田徑明星。我們一邊在落跑，也一邊在確定沒有人落單，因為我們忠於自己的社區。我們會守護我們的街區，不讓任何人傷害或侮辱我們。這對我們來說是一種榮譽感。就連只是去買一塊披薩，你還是可以上到一堂關於何謂忠誠的重要一課。

誠信一直是我的一部分。這或許也是我永遠不會背棄迪克、阿吉、我的兄弟或任何人的主要原因，儘管他們並不是一直也這麼挺我。如果我知道為什麼阿吉會走上歪路、酗酒並四處胡作非為，我一定會拉他一把，讓他知道我有多麼忠於彼此的情誼，就跟我也會幫助迪克一樣，儘管他把我當成不屬於這個家的陌生人。

我以誠信對待每個人，因為我相信人性，而我格外忠於自己的家人與我所愛的人，我願意為了他們做任何事，就算我知道他們未必會為了我做一樣的事也依然如此。我就是這種人，伸出援手，不談條件。

第十六章　父親般的存在

有一天，我一如往常地去活動中心打球，我們報隊打了幾場比賽，然後又跟幾個打完比賽後留下的孩子一對一，接著我便直接回家。隨著我走向家門，便看見崩潰的姊姊，滿頭大汗，淚水流了一地，我媽的狀況看起來也差不多，每個人都露出了心碎的模樣。在我看著大家時，他們走來跟我說：「迪克死了。」

我沒有很驚訝，因為我一直住在這裡，看著他的病情越來越差。蜜雪兒深愛著他，她和他的關係與我和他的關係完全不同。她做什麼事情都不會被處罰，她自己也知道，但她沒有住在這裡，她有自己的孩子要養。迪克永遠不會像愛她一樣愛我，也許是因為我不是他真正的血脈，而他對待我的方式也日日提醒著我這個事實。我就是個繼子，而他會以繼父的方式對待我。

我媽媽要工作，所以大多數時候我目睹著他惡化的病情時，都沒有別人陪在我身邊。我看著他的身體從一個強壯的黑人家長萎縮成一個宛如被曬乾般的空殼，他真的就在我的面前像羊毛一般地縮水了。

我很難過，因為媽媽和姊姊也都很難過，而且或許我內心的一部分也會想念迪克。對我而言，他是我唯一一個父親般的存在。儘管我們的關係一團糟，我也沒辦法指控他沒有陪伴在我的身邊。他一直都在，而這是有意義的。

我沒有參加他的葬禮，不是因為我想表明什麼立場，或是表現得特別堅強。我只是單純不喜歡葬禮，而且幸運地有個不會逼我參加的母親。我跟他說我有場美式足球的比賽，她便告訴我：「請去打你的比賽吧。」狼哥和其他的家族成員從紐約趕來，我看著他們上了各自的車，並排成長長一列的送葬隊伍。看著他們離開後，我就去比賽了。

我也覺得這是一種母親保護我的特別方式，以免我受到生活在巴爾的摩這種地方所帶來的創傷。在巴爾的摩，尤其是墨菲之家，就算你一輩子都沒有賣過或用過毒品，身邊也很可能有個家人或好友受到毒品交易荼毒。毒品在像我所身處的黑人貧民社區中十分普遍，且有著非常重要的經濟地位，這使我們都一定認識一個吸毒過量的人。他或許因為吸毒而遭到槍殺、被綁架、被終身監禁或與家人失聯。這是每個人一定會有的經驗，無法倖免。

我曾經懷抱著希望入睡，但每天早上醒來，都有一種「幹，為什麼我必須過這種生活？我做錯了什麼？是被詛咒了嗎？」的想法，這就是我的心理狀態，我也一直有著這種想法。而我一如往常地靠著運動來分散我的注意力，如果我打球，並全神貫注地打球，就能專注到無暇顧及其他，這樣我就能心平氣和。所以我每天早上起床都直接去練球，練完球就直接回家。而在許多這樣的夜晚，常常會看到抽著大麻的伍迪坐在我家外頭。

「唷，還好嗎，來坐啊。」他總是這麼說。

「沒事啊，哥，」我通常都這麼回答，「剛練完球回家。」

「練得怎麼樣啊？你很厲害，有沒有電爆其他的小鬼們？」

「還行啦，」我笑著說，「我也打得贏你。」

「嗯，好喔！」伍迪會一邊說，一邊模仿喬丹做出一個刺探步，投出後仰跳投，「你不會想吃我這一招的。」語畢，我們相視而笑。

「如果你有需要幫忙的事，兄弟，跟我說一聲。」在繼續走向街區的其他地方前，伍迪都會這麼說。

伍迪與我之間的友誼與時俱進。他會和我分享一些看法，幫助我更了解一點阿吉的行為。在天氣不好的時候，我們交流的小小集會陣地會從門前的台階轉移到他的車內，我一坐就會坐好幾個小時。我們還是把車停在我家門前，有時我坐在副駕駛座，有時候則坐在後座。看著人們在街上來來去去，他會跟我分享他的一些經驗、跟我說墨菲之家前人們的故事，這些混幫派的前輩，有些人甚至還比他年長。他會告訴我這些人過去做了什麼事、為他留下了什麼，另一方面，他們這個世代又會留下什麼給我們。在某種程度上，他幫助我理解了我感受到的某些痛苦來源。阿吉會有這種脫序的行為，可能是因為除了販毒和在街上被殺之外，他看不到自己的未來。伍迪並沒有為我指引一條通往成功、脫離泥淖的明路，但他告訴我，如果我能遠離他所做的這一切，我可能還有機會。

在這幾段時間中，伍迪教會我如何掌握周遭環境並保持警覺，這與阿吉說過的話類似，但他說得更深入。不只是要保持警覺，還要明白不一定只有陌生人或是突然出現在你面前的人才有可能帶來危險，有時候，坐在餐桌上與你共進晚餐的人、籃球隊中的隊友、與你同床共枕的人，都有可能傷害你。你的警覺不只是用來防範未知的意外，在日常生活中就要有所準備。

「永遠不要過於安逸，事實上，要學會如何在憂患之中找到安樂。」

即使是身處於自家的街區，我也應該時時保持警惕，掌握周遭的一舉一動、知道來往的車輛裡可能坐著什麼人、知道白天和晚上發生了什麼事、知道誰是不應該出現在這裡的人，確定自己對所有的狀態瞭若指掌。從他身上，我學到只要隨時掌握我身處於什麼樣的地方、誰會出現、這些出現的人是怎麼樣的人，然後想像一下會發生什麼結果，就能迴避許多發生在我身上過的苦難。要在心理層面上做好未雨綢繆的準備，並隨時隨地提高警覺。伍迪也把一樣的事情教給了杜克，他喜歡捉弄他，但也總是會提供我們需要的事物。

我記得在某個炎炎夏日，我和伍迪、杜克站在街口。走出商店的杜克拿著一瓶無糖激浪汽水（Diet Mountain Dew）。伍迪說：「嘿，唷，讓我喝一口。」

「好啊。」杜克回應，扭開瓶蓋喝了一口後，將瓶子遞給伍迪。

伍迪嚐了一下，便皺起了臉孔。他注意到這是一瓶無糖飲料後，就把整瓶飲料倒光、壓扁空瓶、把它丟進了水溝，然後用他的鋼鐵手肘用力地敲了杜克，發出了「磅！」的一聲！「這麼娘炮的黑人大個子在這裡是活不下去的！長這麼大個的黑人怎麼能這麼娘，受不了，喝這什麼娘炮狗屎！」現在的人可能會覺得這是霸凌，可能也的確是，但他們要理解我們生活在一個不同的時代。伍迪會這麼欺負杜克，並不是出於殘忍的目的，而是為了訓練他如何在街頭中生存、如何不因錯誤的行徑引人注目或被他人瞧不起而進一步引發衝突。我們需要這種指點，這些指點就跟他跟我分享的故事、笑話和做人處事的道理一樣重要。沒有任何解藥比坐在街邊聽著世界上最有趣的幾個人講笑話更能治療憂鬱症或緩解情感上痛苦。如果我們社區裡有個人是知名喜劇演員，他或許就能扮演一個榜樣，帶領他們也走上成為知名搞笑藝人的路。杜克很有趣、伍迪很搞笑、我肚子裡也有不少笑料，在某個平行時空，或許會有人願意花錢買票來看我們搞笑，至少我知道我願意。

當時，我覺得伍迪是唯一一個懂我的人，或許是因為他經歷過一樣的生活，也可能是因為他每天都在我身邊、看著我經歷的這些事。肯定的是，他能讓我對新的一天燃起希望。而這些助燃物有時候是幾塊錢，有時候是他講的某個以前的故事，也有時候，他會扮演一個傾聽者，讓我可以在一個不會受到批判的空間盡情發洩。他為我做的這一切正好符合我的需求，讓我能夠迎接第二天的來臨。

第十七章　大凶之日

「梅羅，整理行李。」我媽這麼說著。這是個漫長的一年，這一年即將結束，實在太令我高興了。我們將展開一趟紐約之旅去拜訪哥哥們和阿吉，作為為這一年劃下句點的最後一個活動，還有什麼比這更棒的行程嗎？我真的很想念他們。

就連從巴爾的摩開車到紐約的車程都感覺沒那麼漫長了，或許是因為我既緊張又期待，也很高興能夠稍微喘口氣。在學校和社區中發生了很多事，現在我只想飽餐一頓、大聲歡笑並與家人團聚。我們很早就到了哥哥家，也是最早到的，因為我媽媽是最棒的廚師，她要負責做菜。我們一進門，就看到賈斯坐在那裡，擺出了一副像是在說「我的家人們，過得怎麼樣啊？」的輕鬆姿態。

我們跑過去擁抱他，全家人很快便到齊了，這真是個大大的驚喜，我們都不知道他已經出獄。有一瞬間，我覺得自己又變回一個完整的人。狼哥來了、賈斯來了、蜜雪兒如往常一般成為了聚會的焦點人物、阿吉則看起來變得乾淨清爽，看起來這段待在紐約的時間為他帶來了好的影響。

我在哥哥家與阿吉敘舊，跟他說社區、我的學校、我的朋友發生了什麼事，也跟他分享我在籃球場上的表現。我就像阿吉一樣，有著紐約球員特有的華麗運球，並有著和狼哥一樣的得分本領。雖然在巴爾的摩這種風格有別於紐約、球風剽悍的城市打球滿辛苦的，但我沒在喊犯規也從不抱怨，和誰交手都毫不退讓。阿吉也開始講自己的事，講他自己在巴爾的摩遇到的難關、人們在這裡打球是比五十分而不是比二十一分，以及他如果還留在聖法蘭西斯學院的話，現在會怎麼在球場上大殺四方，並在思考自己是不是該回歸球隊。這正是我想從他嘴裡聽到的話。

「唷，回來啦，兄弟，回巴爾的摩吧。我媽需要你，我需要你，我們需要你，老哥，來啦！」

「我不知道耶，老弟，」阿吉回應。他所思考的層面和我們完全不同。他解釋了自己在紐約展開了什麼樣的生活、自己該為什麼事負責，或許現在回到巴爾的摩並不是適合的時機。我的哥哥們知道阿吉在街上鬼混，而他們也同意巴爾的摩對他來說會更有助益。

「跟我回去，」繼續說著的我，眼淚都快要奪眶而出。「我們可以用籃球征服那座城市。我很厲害，你也很強，我們需要你過來！」

「別這麼逼我了啦，我會回去的，」阿吉說。「唷，讓我去布朗克斯區拿我的東西，我大概會在半夜的時候回來。反正現在我也受夠紐約了，我準備要在巴爾的摩重新出發，兄弟。」

我的內心感到十分喜悅，我本來以為不會見到賈斯，結果他出現了。狼哥也一直是來無影、去無蹤，沒有人知道他在哪的人，而我現在正享受著與他相處的時光。不過最棒的是，阿吉要搬回巴爾的摩，而且他已經調整好了心態。他將會把全部的心力，不對，是我們將會把全部的心力放在打籃球上。在我等待著阿吉回來時，這些想法不斷地盤旋在我的腦海裡。一或兩個小時過去了，不知何故，我的心裡產生了一種奇怪、不舒服的感覺。或許你可以說這是某種直覺，但這是一種你隱隱約約覺得有某件壞事要發生時會有的感覺，它會令你覺得你的五臟六腑正被凍結與翻攪著。我知道有什麼事情不對勁，然後我們就接到了一通沒有人想接到的來電。

阿吉遭到槍擊了。

「他沒事吧？他還好嗎？」

沒有人知道。

我媽媽開始歇斯底里地哭泣。蜜雪兒看起來很害怕，而我的哥哥們看起來像是隨時準備要開戰的樣子。阿吉可是最頑強的男人，我心裡想著，他是打不倒的男人，他隨時都有可能打開門走進來。我對自己這麼喊話著，但那股在我內臟中的不安感與蔓延的恐懼，都在告訴我事情正完全在往反方向發展。

幾個小時後，我們得知阿吉在與他生小孩的女伴住的地方附近遭到了殺害。他去拿東西準備回巴爾的摩的時候，遇到了她的交往對象。他們起了些口角，但阿吉並沒有放在心上。我猜他正在滿心歡喜地準備擺脫這些鬧劇，並一心想著要在巴爾的摩展開新生活。阿吉收拾好自己的東西，向大家宣布自己要搬家，並保證會寄錢回來養小孩。在離開公寓並走出大樓後，他去雜貨店買了點酒，而那個和他吵架的男人，也就是與他生小孩的女伴的男朋友，還在附近徘徊，嘴裡也不停地口出惡言——然而這一次他不僅動口還動手了，他掏出一把手槍，對準阿吉。阿吉朝他撲了過去，試圖搶下他手中的槍。他們扭打成一團，那個傢伙掙脫後，依然持槍瞄準阿吉。阿吉想跑，但已經太遲了。那傢伙從他的背後開槍，阿吉轉身爬起來後，再度朝那個傢伙衝了過去，然後又被開了二十七槍。

他當場喪命。

第十八章　此處為家

在巴爾的摩住了五年後，我可以實實在在地說自己已經深陷其中。我就是這座城市的一部分，這座城市也已經成為我的一部分。在這一小段時間中，我失去了朋友、喜愛的人，以及許多也住在這個社區附近但我根本不認識的人。每個月，長長的送葬車隊都會塞滿我住的街區。我不會說我已經習慣生離死別，有人過世是一件令人傷心的事，至今如此，將來也是。而由於頻頻有人離世，以至於我甚至開始做好一個人隨時可能會死的心理準備。先做好心理準備，總是能輕鬆一點。

迪克的死引發了一段黑暗時期，而我覺得這個黑暗時期似乎永無終結之日。每天都感覺像是下雨、烏雲密布且悶熱潮濕的天氣，夏天好像永遠不會來臨。我很憂鬱，而當時憂鬱根本不是什麼值得一提的大事，至少在我的社區中不是。說真的，我很想跟某人傾吐心事。有時候我想跟某個人訴說我的感受，但我不知道該怎麼做。我不知道要說什麼。我只想扮演好墨菲之家的梅羅，我只在乎這件事。就算是在自己的家裡，我也從不談論自己承受了什麼痛苦。

我從來不跟別人聊自己吃了什麼苦。何必？我們知道彼此都在吃苦奮鬥。我們都知道我們正面對著某些難關，每個人不都是如此嗎？我的鄰居們不也正面對著我正在處理的鳥事嗎？我在吃苦，大家都在吃苦。我需要民生用品，大家也需要民生用品。我們都在煩惱著要如何平衡收支，都必須做好自己該做的事，都必須靠自己解決問題。我能夠承受這一切的主要原因之一，就是我知道社區裡的其他人也都在承受一樣的事情。我們生來就要受苦。有人的兄弟被殺、父母吸毒過量，令他們也生活在黑暗之中。我們整個社區都生活在黑暗之中。我不是個幸災樂禍的人，但我們都在一樣的時期經歷了一樣的痛苦、面對著相同的瘋狂，這個事實讓我知道自己並不孤單。

我下定決心，不讓任何人發現我的憂鬱。所以我將這些痛苦深深地埋進心底。我的哥哥們告訴我絕對不要哭泣，阿吉從來沒有抱怨過，伍迪也不是這種人。在我的世界，這就是規則，我理解並嚴格地遵守這些規則。脆弱在我的社區中是大忌，每個人也都認同這一點。這麼說吧，如果有人走過來跟你說「我懂你的感受，我也失去了兄弟」、「他們殺了我最好的朋友」或是「我的叔叔因吸毒而死」之類的話，甚至他們只想抱一下你，你也很難忍受這種怪異感，會忍不住去想這個人為什麼要對我這麼好，他們有什麼目的？我們有過的這種創傷，將我們鍛鍊成把身邊的大多數人當成別有所圖而不是真心想要幫忙的人。這些創傷告訴我們，這些擁抱、這些借你哭一下的肩膀不是免費的，任何事都有其代價，唯一的問題是你是否願意為此付出代價？

儘管運動一直是我的出口，但有時就連籃球也顯得渺小不已。以宏觀的角度來看，如果你最親密的人們不斷地死去或遭到監禁，讓你體會了另一種意義的死亡，那麼籃球又還有什麼意義？現在，人們會接受心理治療、傳唱著以心理治療為主軸的歌曲、開著有關心理治療的玩笑，但以前的孩子們根本無法接受心理治療。從來沒有人談過心理健康，我們要自己面對。身邊不會有人說「唷，梅羅，你沒問題的啦。」或是「唷，怎麼了？跟我聊聊。」這種話，你只能希望這些你不斷體會到的痛苦滋味埋進深處並永遠不會浮上心頭。這些痛苦或許會在打球或打架時流露出來，但絕對不會出現在論及治療的日常對話中，因為我們沒有接受治療這個選項。

我媽媽通常在七點半就會出門，比我早很多。而我起床後，有時候啥都不做，就只有躺在床上。我常常躺在床上瞪著天花板，完全不想起身，然後把球丟向牆上，想著迪克會生氣地叫我「放下那顆該死的球！」但他現在沒辦法這麼做，因為他已經過世了。阿吉也再也無法在聽到我運球後邀我去投籃，因為他也過世了。於是我調高音樂的音量，我整天都在放重複的那幾首歌，那是我的解藥。DMX、納斯和瑞空——我以前很喜歡把饒舌歌詞寫滿整個牆面。他們的歌我都喜歡，不過我更覺得DMX就像是我的心靈導師，他把我所感受到的痛苦寫進了他出的前兩部專輯。我有個舊的隨身聽和幾副耳機，總是隨身攜帶著它們並整天播放著DMX的歌。這是我能將不想關注的事物隔絕在外的唯一方法。

我會在牆上找塊空白之處、在海報與其他東西之間的空隙塗寫上DMX的歌詞：

該死，是我的錯嗎，我做了什麼事？
讓一個父親拋棄他第一個孩子，讓這個孩子七歲就要蹲進苦窯、人生首次？

在我沒有把饒舌歌詞寫在牆上時，我會畫畫，將《樂一通》（Looney Tunes）、《辛普森家庭》（The Simpsons）的圖片與其他卡通畫在牆上，並在這些圖案的周圍寫上「為什麼是我？」這些我想問自己的問題。有時我只寫上一連串的問號，一個接著一個、堆積如山的問號。我真的很想知道，為什麼是我？為什麼我得經歷這些事？從來沒有人問過我在寫什麼。

我曾經因為把這些東西寫在牆上而惹上麻煩，但沒有人問過我把這些東西寫在牆上有什麼意涵，於是我就繼續寫了。

在這段格外黑暗的時期，我必須找出能讓我發出微笑的事情。和隊友們從羅伯特・C中心走去伊斯特伍德（Easterwood），就是其中一件。大家一路上都在開玩笑，我們也建立了難以動搖的情誼。我們必須穿越其他人的社區，這很有趣，因為我們預期可能會捲入一些事件，可能要和別人打一架，但情況其實並沒有這麼嚴重，只有打打鬧鬧，和一段愉快的時光。有時我們穿越的社區中，住的人都是我們等等可能要在球場上遇到的對手，但其實我們場上是對手、場下是朋友。這些笑聲和彼此開的玩笑，可能沒辦法緩解我的痛苦，但能讓我暫時忘記並無須面對它。

我漫長的八年級生涯終於要結束了。除了要面對家人的亡故，我還要思考自己要去哪所學校。如果你是一名巴爾的摩的運動選手，選擇要去哪所高中，是段非常困難的過程。很多球員留在與居住地同區的學校，卻得不到他們應得的關注。然而能不能去市區學校打球，也要看你之前在哪個活動中心、為哪位教練打球。這有點像是非正式的農場體系——代表你可能是一名非常有天分的籃球選手，但如果你所屬的小聯盟或活動中心的教練並沒有在你去的高中執教，那就算你加入了球隊也可能不會得到上場時間。這些傢伙對自己執教過的孩子很死忠，他們也和這些孩子的家庭有緊密的連結，甚至還會和孩子的媽媽約會、給予孩子們約會建議、在孩子們缺錢時給錢。他們對此投入一切。

肯尼・安德森已經在保羅・羅倫斯・鄧巴高中（Paul Laurence Dunbar）註冊了，那是一所市區學校。說真的，我很想去那裡和他打球，但我上得了場嗎？如果你想上大學，就讀私立學校是最好的選擇，但誰拿得出這筆錢？反正絕對不是我家。

第十九章 教練們

要做出正確的入學選擇，將全看我決定跟隨哪位教練。這不是什麼難題，因為帶過我的教練並不多。除了有幾次我跟阿貝和麥迪遜隊出去比賽之外，我一直都在羅伯特．C中心打球。

我在羅伯特．C中心的教練是懷斯先生（Mr. Wise），他對這座活動中心的投入程度，會讓你以為他是這座活動中心的老闆、以為這座體育館的抵押貸款和他的名字與財務有著密不可分的關係。懷斯先生身兼數職，他是統籌者、活動策劃者、主任、肌力訓練教練、美式足球教練、籃球教練、維修工人以及輔導老師和你任何想得到的職務，都由他一手包辦。

我喜歡看到他出現，他總是開著一輛酒紅色的五十鈴汽車，我猜你會覺得那是一輛卡車。有著淺膚色、特別捲的頭髮與一副老派球員風格的他看起來就像是個會開五十鈴汽車的人。他喜歡穿牛仔褲與皮鞋的搭配，因此風靡全場、令媽媽們為他瘋狂。

懷斯先生注意到我後，便打定了這個主意：「好，我要栽培好你這傢伙。我可不會讓你產生過剩的自我意識，讓你以為自己是老大！不，我們可不會讓你變成這種球員。過來，來簽名，你要打棒球、美式足球還有打籃球！」我聽了他的話，而他也讓我沒有留下半點空閒時間，幫我報名了羅伯特．Ｃ中心所有的體育活動。懷斯先生總是能為我找出一項體育賽事，讓我能來活動中心參賽。在他注意到我的天賦時，我便被他丟進了有著強敵環伺的狼群。「和其他孩子打球對你來說太輕鬆了，卡梅羅！是時候升級了！」他這麼說後，為了挑戰我的能耐，就會把我送進更高齡的組別，讓我和其他年紀更大的孩子們競爭。在我又狠狠修理了更高齡組別的孩子們後，懷斯先生便會繼續說：「不行，還是太簡單，該挑戰下一關了！」

他總是在傳授一個道理：「不要哭，哭沒有用。別人對你犯規，你就對他們犯規！他們推你，就推回去！」基本上就是讓我重新複習一次阿吉教過我的一切。你可能不覺得籃球是有這麼多肢體對抗的運動，但在九〇年代，人們在巴爾的摩運動中心的打球風格就像是八〇年代的ＮＢＡ，每個人都打得像是穿上了活塞隊的球衣。

我的美式足球與棒球教練都是吉姆．布萊克（Jim Black）。布萊克教我體育競技的規則、團隊合作與為彼此而戰的重要，還幫助我學習如何掌握集中注意力的時機。

在一英哩外的地方，你就可以發現吉姆的身影。他的身形跟兩個人一樣大，既渾圓，又寬厚，臉上掛著燦爛的笑容。這傢伙對體育瞭若指掌，不論是棒球、籃球、美式足球還是其他運動，只要跟運動有關，他都說得出相關事件、數據、預測、戰術、歷史以及任何你想知道的資訊。他就是一個會走路的運動百科全書，也因此受到大家的尊敬。

我在上中學時，懷斯先生把我交給了在皇家山中學執教的達瑞爾．科貝特先生（Darrell Corbett）。有一天，他把我拉到一旁、直視我的雙眼，然後說：「卡梅羅，你真的很有才能，我沒什麼能教你的了。接下來你要跟著科貝特好好學，我希望你能跟著他，這樣你才能發揮出所有的潛能。」

這個轉變並沒有對我造成困擾，因為我知道羅伯特．C中心和皇家山中學之間的連結。如果羅伯特．C中心沒有報名參加某些大型的錦標賽，我就會加入皇家山中學的球隊和他們一起打，所以我早就知道科貝特教練是何方神聖。羅伯特．C中心和皇家山中學總是盡可能地不同時報名參加同一個錦標賽。懷斯先生想讓我進入皇家山中學，也是因為皇家山擁有比羅伯特．C中心還多的資源。皇家山中學有規模更大的球隊，有更多孩子能和我競爭、幫助我磨練球技，有更多去外地參賽的機會，也能吸引到更多當地的關注。我們這個地區最強的籃球選手，都來到了皇家山中學。

我從六年級開始就在為科貝特打球，一直打到十年級，憑良心說，是他造就了我。科貝特先生日後成為了我最重要的教練。

科貝特先生是你在學校、運動中心時，最不想在走廊上遇到的人。因為你一遇到他，就知道自己有麻煩了，尤其如果你是籃球員，那更是麻煩大了。要是我們沒有拿出完美的表現，科貝特就會讓我們付出代價。如果我們犯錯，老師們就會把我們送到他那裡，他就會增加我們的訓練時間，讓我們做更多伏地挺身、跑更多圈，以及我們最痛恨的：四點折返跑。因此我們都會苦苦哀求：「不要啊，老師，別跟科貝特告狀，我不想看到他，我會好好表現的。」

科貝特教會了我比賽的規則以及如何以一種同儕無法參透的視角觀察比賽。雖然他的長篇大論很煩人，但我必須說這對每個人來說都是最棒的籃球課程。沒有他的教導，我永遠無法成功。他教導我如何保持堅強的精神力，並告訴我它為何如此重要。「籃球是一場精神力的比賽，卡梅羅！專心！」科貝特有時候會藉由讓我們在比賽中做伏地挺身之類的方式令我們難堪。要是你沒搶到籃板，就可能會聽到一聲「過來，給我做十下。」真的，在場上的比賽正激烈的時候，對手們從你的身邊跑過，而你卻在場邊一邊被罵、一邊做著伏地挺身。他是個紀律嚴明的教練，會站在你的身邊、戴著霧濛濛的眼鏡大聲喊叫。這傢伙是個瘋子，但他是個為了我們好的瘋子。

他常常讓我很生氣，當下他講的東西我有一半都聽不進去，因為他給的指示實在太讓我不爽了。然而，從長遠的角度來看，他講的每一件事都有其道理。可能是在一、兩個月後，或甚至可能是一年後，我會注意到自己情不自禁地覺得：「該死，科貝特說得對。」阿吉從我很小的時候就灌輸了我許多知識，而科貝特則精煉了這些知識，並將我培養成一名真正的籃球選手。這個過程並非一帆風順，我們也的確有過不愉快的時候。有一次，我憤怒地翹掉訓練並告訴他：「去你媽的！幹你娘！我才不做這些蠢事！」

這件事發生在一次公開試訓期間，他正在為業餘競技運動聯盟（Amateur Athletic Union, AAU）的賽事組訓一支外出比賽的球隊，試圖集結全市與全縣最優秀的孩子、組出一支超級球隊。別忘了，我從十歲起就在為他打球了，這時的他基本上就像是我的家人，這某種程度上解釋了我對這件事的失望。

「你們都必須參加選拔，」科貝特邊說邊帶著其他新的候選成員們走進體育館，「你們必須一決高下！」

於是每個人都打得格外認真，因為這些新來的孩子不是住在附近，而是其他地區的超級明星，他們也將進入市內最頂尖的公立或私立高中就讀。我們每個人都在浴血奮戰，承受著每一次撞擊、推擠、扭打與隨之而來的抓傷和瘀傷。這座體育館比雞籠還小，我們把彼此撞得四腳朝天，簡直就像在演《飢餓遊戲》（*Hunger Games*）。

我知道這些孩子之中有很多人會在我明年上高中時成為我的對手，所以我想現在就向大家證明我比他們還要厲害。我犯了一個錯誤，然後沒想到本應最挺我的科貝特居然把我揪出來，還罰我去跑操場。「梅羅，去跑幾圈，現在就去跑！」我當下便碎念了一句：「幹你娘，我才不做這些蠢事！」

這句話被一名助理教練聽到，然後他便向科貝特告狀：「他剛剛說髒話！他罵髒話！」邊說還邊指著我，「就是他，是梅羅！」

「幹，也幹你娘啦！」我一邊說，一邊開始跑步。或許我是因為他對我的不尊重以及他對我特別嚴格、特別針對我的作法感到生氣，也可能是因為他帶了幾個其他地方的小丑來搶我的位置而不爽。不管怎樣，我都失控了。我覺得不管我有多麼厲害，都永遠不足以脫穎而出。想出人頭地，光有天分是不夠的，賽場上還充滿了政治角力、人情世故、虛偽和太多的私人利益。既然體育館裡充滿了私人利益，那我在這裡還有什麼意義？我本來可以在默特爾大道上，和伍迪以及其他真心在乎我的人在一起，為什麼還要浪費時間在這裡和這些人打交道？反正，我最終也是會回到那裡加入他們的。

「你剛剛說什麼？」科貝特命令我，「再說一次！」

「老兄，你也聽到了，幹他娘也幹你娘！」我說。

「噢，是這樣嗎？」科貝特說。

我沒有回答，只有低著頭繼續跑步。

「好吧，我明白你的意思了！」科貝特繼續說，「你被刷掉了。滾出我的體育館。這是我的體育館，這是我的球隊，滾出去！你這麼想在道上混，就滾回你的街頭！」

我做得太過分了，我沒有必要出言侮辱他，但他也做得太過分了。我可不會在一群比我弱的人面前乞求我的一席之地。我很受傷，但我不能表現出來。我拎起包包，看著肯尼說：「唷，我要退出了！」

肯尼看看科貝特、再看看我，然後說：「唷，去他媽的，我們退出！」

肯尼是我的兄弟，我們就是有這種共患難的情誼。他也有著一樣的處境，因為雖然科貝特沒有找別人取代肯尼，但也找來了另一名後衛來挑戰肯尼的先發位置。再次強調，我們從小就在為這傢伙打球，所以我們都覺得這是在亂搞、是不忠誠的行為。忠誠就是我們的一切，但他卻在玩弄我們的忠誠。

科貝特在想什麼，怎麼會把這些蠢貨帶來這裡？如果他只是想多找幾個大個子，那就另當別論，我們去外地參加比賽需要更多長人助陣。但他找來的人威脅了我們的位置，這讓我們不能接受。

肯尼和我走回社區，想著下一步該怎麼走。儘管我對籃球很失望，卻不能放下肯尼。他已經為了站在我這一邊而和我一起離開球隊，所以如果他想為其他球隊打球，我也願意。然後，我們巧遇了我正好有車的朋友蒙克（Munch），所以我們就跳上了他的車。他當時也是皇家山球隊的一員。

「你們怎麼沒去訓練？」蒙克問，「科貝特也有叫我去，要我和你們一起訓練！」

「我們退出了。」我說。

「喔，好，那我也不去了。我們退出，通通退出。」蒙克笑說。

老實說我正想從籃球這項運動中解放一下，它似乎沒那麼有趣了，但我又不想拋下肯尼，而且科貝特也需要被上一課。他一直在其他地區的傢伙面前對我們擺出高姿態，我想有需要提醒他肯尼和我有多厲害。請讓我提醒各位，這時的肯尼已經是球隊裡最強悍的後衛了，他不僅是百步穿楊的射手，更有著一手犀利的運球，還能組織球隊攻勢。他的球技實在太出色，出色到能輕鬆地教訓對手，以至於很容易令人忘記他還是球場上最聰明的球員。肯尼是讓對手頭痛的人物，他是個得分機器，而且能融入任何一支球隊。

「我想到了一個點子，」我跟肯尼說，「我們去塞西爾（Cecil）打球，加入他們，把科貝特和他精挑細選的蝦兵蟹將打得屁滾尿流。」

肯尼一聽，便立刻答應：「好！」

塞西爾柯克（Cecil Kirk）位於東巴爾的摩，是我們的頭號勁敵。我們之間的比拚並不僅止於運動中心之間的賽事，我們這兩座城鎮也總是在與彼此互別苗頭。加入他們是當時我們所能做的最瘋狂行為，而我們也付諸實行了。我們驕傲地穿上了宿敵的球衣、站上球場，和我們的朋友以及那個一直擔任我們教練的男人對抗，而且就像是在痛打偷了我們東西的賊一樣，將他們狠狠地修理了一頓。我把握住每次得分的機會，而且和肯尼接連為球隊攻下分數，同時，我們也一整場都在對科貝特噴垃圾話。這可能是我這輩子打得最好也是感覺最爽的比賽之一。科貝特很生氣，但他也知道他需要我們。我們平常並不怎麼在意他有多嚴格，但這次他太過分了，所以我們必須讓他知道痛。

不過這件事也就只發生這一次。最後，我們都回去為科貝特打球了，因為我們很忠誠，而他是我們的夥伴。

我的另一個教練是阿貝，就是之前在我還小的時候，讓我跟他一起去參加巴爾的摩與華盛頓特區地區對抗賽的人。我在他的麾下打過一些像是午夜瘋（Midnight Madness）的比賽。我有個名叫拉方特．強森（Lafonte Johnson）的朋友，他曾在陶森天主教高中（Towson Catholic）與鄧巴高中打過球，然後去了內華達大學拉斯維加斯分校（UNLV）。他要在圓頂活動中心打一場比賽，然後他問阿貝能不能讓我上場，因為有個來到這裡的大學教練也想看看我的表現。這是我第一次有機會在一個可能對我有興趣的大學教練面前打球，而且令人驚訝的是阿貝同意了。阿貝就是這種人。他總是希望身邊的每個人能夠贏得機會，而他從不要求回報，也不期待有人回報他。他有錢也有趣，也總是照顧著身邊的每個人。我打了那場比賽，也打得很棒。在我下場時，阿貝拿了一雙Rockport的鞋子給我，這是當時很熱門的鞋款，一雙大概要兩百美元。他給得毫不手軟，並告訴我，之後可能偶爾還會再找我幫他打幾場比賽。從那天起，阿貝就宛如成為了我的大哥。如果我需要出趟離開社區的遠門，他就會來接我。如果我的制服褲子太緊，他會換新的給我。如果我餓了，他會把我餵飽。同時，他也為我解釋了巴爾的摩籃球圈內部的運作模式。有些教練想把球員送進某些特定學校，因為他們可以藉此獲得現金、免費球鞋或其他商品之類的報酬。有些在街頭打球的人是因為什麼原因放棄了對籃球的堅持，又有哪些在街頭鬼混的人有著成為職業球員的實力卻從來沒有考慮過這條路，他跟我分享這些人的故事之餘，也跟我分享這些人做錯了什麼，並告訴我如果擺爛的話，巴爾的摩將會用什麼方式粉碎自己的夢想。他也讓我四處參加比賽，和許多曾經在巴爾的摩鋒芒畢露的頂尖球員交手，這大大地提升了我的水準。

科貝特早早在我身上種下了籃球的種子，阿貝則讓我看到了各種成功的範本與功虧一簣的反面教材，他跟伍迪簡直是同一個模子印出來的人。在西巴爾的摩，我從伍迪身上學到了在街頭生存該有的知識與舉止。而我現在有機會將前者與東巴爾的摩人阿貝教給我的一切融合在一起。與大多數的城市不同，不管你是做什麼的，都不能對巴爾的摩的街頭掉以輕心。巴爾的摩的街頭千變萬化，很容易讓人迷失其中。有數不清的籃球選手搞不清楚球場與街頭的分界，平常和毒販交好、帶槍去體育館、翹掉訓練去街頭鬼混，上了球場還想要拿三十分。但這不可能，你沒辦法兩者兼顧。巴爾的摩這座城市沒這麼好混，想在這裡生存，你不僅需要知道規則，更需要應用這些規則。平常當個旁觀者或是遊走在球場與街頭的邊緣之間，跟你想把全部的心力投入在其中一邊是完全不一樣的事。

阿貝和我一直保持著良好的關係，這些教練都沒有逼迫我一定要去哪所學校，他們都對此保持開放態度，而我覺得自己不管去哪，都有足夠的能耐可以當先發球員，既然這樣，我何不跟肯尼一起去鄧巴高中呢？畢竟他可是專屬於我的控衛，而且那所學校免學雜費。

第二十章 陶森天主教高中

儘管當時天主教聯盟（Catholic League）是巴爾的摩的主流聯賽，我還是決定去鄧巴高中。聖法蘭西斯學院、陶森天主教高中、卡爾維特霍爾學院（Calvert Hall）、聖喬山高中（Mount Saint Joe）、紅衣主教吉本斯高中（Cardinal Gibbons）以及洛耀拉高中（Loyola）都是那時的強隊，這幾所學校也是頂尖球員的首選。

由於天主教聯盟頗富盛名，我一直想看看自己有沒有強到足以面對在這裡打球的挑戰。但要在這裡上學的話，我需要一筆獎學金，如果要我母親自費的話，我就不會來這個聯盟的學校上學。迪克死後，什麼事都要由她來扛，肩上的重擔已經很重了，我萬萬不想再為她多添一筆帳單。我在鄧巴高中註冊，也很期待和肯尼並肩作戰。

在天主教聯盟成為未來職業球員的搖籃之前，幾乎每個來自巴爾的摩、日後登上ＮＢＡ

的球員，以前都是鄧巴高中的球星：像是來自拉法葉住宅區、五呎三吋的奇人模格西．柏格斯（Muggsy Bogues），有在史考提．皮朋之前的打得如皮朋一般的傳奇搖擺人雷吉．路易斯（Reggie Lewis），雷吉．威廉斯（Reggie Williams），多次贏得NBA總冠軍的山姆．卡塞爾（Sam Cassell）與基斯．布斯（Keith Booth），還有大衛．溫蓋特（David Wingate）。在鄧巴高中大殺四方的年代，贏球對他們來說曾是家常便飯，那時的體育館往往被擠得水泄不通，就連牆邊都擠滿了人，往往只剩下站的空間，看台上則滿是尖叫著的球迷。對當地而言，能為鄧巴高中打球，就像是成為了職業球員一樣。鄧巴高中或許是全國唯一一支公立高中的球隊，能在每一場比賽都吸引到全國各地的球探。這所學校有名聲、有知名校友、有豐富的歷史與傳統，也擁有許多球迷。我不認為我能去NBA打球，我當時壓根沒想過這件事。然而，如果我想要有個不去天主教聯盟也能與高手較量的機會，並在籃球方面有所作為，那鄧巴高中就是唯一的選擇。

保羅．羅倫斯．鄧巴高中的名字出自於一位著名的非裔美籍詩人，它一開始是一所專門給有色人種就讀的學校，也是巴爾的摩第二所會頒發學位給黑人學生的學校。在鄧巴高中的感覺很棒，因為我立刻得到了他人的尊重。肯尼已經在這裡有了人脈，每個人也都知道我會打籃球。鄧巴高中在體育之外的層面也有著輝煌的歷史，第一位建立了市值十億美元公司的黑人企業家雷吉納德・F・路易斯（Reginald F. Lewis）與NBA球員雷吉・路易斯，都和我一樣，曾經在這個校園生活過——他們的名字很像，可別搞混了。在這座校園中漫步，就像在遊覽一座非裔美籍人士的歷史博物館，可以感受到這座建築的歷史。牆上掛滿了諸如哈莉特・塔布曼（Harriet Tubman）、麥爾坎・X、馬丁・路德・金恩博士和弗雷德里克・道格拉斯這些偉人的照片和名言。我最喜歡的名言，是道格拉斯的這句話：「一旦你學會閱讀，將永遠不受束縛。」

同時，我也提出了陶森天主教高中的入學申請。我和媽媽一起填寫了財務支援的申請表。令人驚訝的是，高中生涯開始不到兩星期，我們接到一通簡直令我不敢相信、這輩子沒想過會打來的電話，說我獲准進入著名的陶森天主教高中。當時所有西巴爾的摩最好的籃球選手都要去或想去陶森天主教高中，而他們選擇了我？我知道自己很會打球，但能進這所學校，在某種程度上給了我一種認可，這是一種連我都不知道自己一直渴望著的感覺。我可以和這些傢伙一起打球，我能在這個水準的比賽與對手一較高下，而且我會成功的。

我當時以為我得到了陶森天主教高中的全額獎學金，多年以後，我才發現我媽媽還是得支付一部分費用。她一直保守這個秘密，因為她想要給我最好的，而這所知名的天主教學府顯然符合這個最好的定義。我媽媽一直是這種女人。她從來不會大肆宣揚自己有多辛苦或者做了什麼，她只會用實際行動為我開創一條道路，而我也將為此永遠感激不已。對我來說，能上鄧巴高中已經很不錯了，但它比不上陶森天主教高中，尤其在體育方面更是沒得比。包括拉方特・強森與基斯・珍尼佛（Keith Jenifer）在內，這些來自西巴爾的摩的頂尖球員、我慕名已久的高手都已經加入球隊。我想和他們一樣，寫下和我一樣出自於黑人社區、去知名的天主教學校打球繳出出色的成績、未來成為明星球員的故事。在我內心深處，我知道自己夠格加入任何一支球隊，但我從未明說。我從來沒有公開吐露我的夢想，因為我不知道自己有沒有辦法實現它們。但無論如何，我持續在朝著實現它們的方向前進，也總是將阿吉跟我說過的那句話記在心裡：「命中注定是我的東西，終究會是我的，保持耐心。」隔天，我離開了鄧巴高中，準備在陶森天主教高中展開新生活。

陶森天主教高中和鄧巴高中有著極大的不同。鄧巴高中有很多黑人教師和行政人員，超過百分之九十的學生是黑人。陶森天主教高中則正好相反。對當時的我來說，哪間學校裡哪種種族的學生比較多並沒有為我帶來太大的困擾，不過，有幾個小問題。舉例來說，我的髮型、我的髮辮，在鄧巴高中是很正常的，但在陶森天主教高中，就變成了令人難以接受的特立獨行。不過再次強調，能來到這所學校對我來說是件很光榮的事，所以我並不介意解開辮子、留個蓬蓬頭。我想當時的我可能很像我爸「大捲毛」年輕時的模樣，頂著大爆炸頭在球場上滿場飛奔。學校裡少數留長髮的黑人男孩也知道學校有這個規矩，所以他們也留了大爆炸頭。而其他白人男孩們則看起來很想摸摸看我的頭髮，但他們知道最好不要。

每個人都在等著看我能在球場上打出什麼名堂，或至少我是這麼想的。我度過了一個很棒的夏天，在每個我參加的聯盟中都打出優異的表現，摧毀了城市中來自四面八方的對手。我還打敗了比我年長的對手，人們也期待我會越來越強。我盡可能地融入這裡的環境，儘管我顯得格格不入。身為一個黑人，還出身於一個像是墨菲之家這樣的社區，來陶森天主教高中上學便會立即感受到文化衝擊。這些學生有錢、有車也有著源源不斷的資源。他們有著雙親健全的家庭，從未在住宅區生活過，也沒有關於親戚意外身亡、目睹有人遭到槍擊或是在運球到公園的途中走過了一片染血的水泥地的經歷。我對他們來說是個異類，我也知道這一點。所以我做好我該做的事，不露鋒芒，遵守他們的行事規則。然而儘管我試圖保持低調，不對人透露自己的生活背景，我還是沒能得到加入校隊的資格。神學課成為了我的死穴，它難以理解、枯燥乏味、講述我素未謀面的上帝。籃球選手需要在每門科目都得到七十分才能上場打球，而我在神學課只得到六十八分。

「有什麼辦法可以挽回嗎？做額外的報告？補交作業？我真的很想上場比賽！」我跟老師說。

她只回我幾個字：「沒辦法。」

我一次又一次地拜託她，告訴她我的成績需要達到這個門檻才能上場比賽，但她不答應。整件事最瘋狂的部分是，我從來沒有在她上課時搗亂過。我的確常常問問題，因為他們看待上帝的方式與我不同。對他們來說，這是一種單向溝通：上帝的世界就是這麼運作的，而如果你不聽上帝的話，就會直接下地獄。這就是陶森天主教高中的規則，而如果你質疑他們的解釋，你就會被視為問題。我真希望有人在我進入這所學校之前就告訴我這件事。

我已經離開紐約很多年了，但在那段時間所受到的影響仍然深植在我的心中。我們被鼓勵保有開放的思維，聆聽然後詢問問題，參與社區的教學活動。從小我便被教導，真正的學習是每個人都能提出自己的看法，而不是聽一個高高在上、不能受到質疑的人講課。尤其是關於宗教、上帝、善惡、生死等如此重視個人觀點的課程，這些事關重大的道理怎麼可以僅僅透過一個老師單方面地口述來傳遞，而期待我們盲目地接受它們？對我來說，這是世界上最不負責任的事情。我從來沒有打斷我的老師，或說她的意見不好，我只是不明白她為什麼會有這些想法。我是真的想學到更多知識、用更透徹的方式來理解事物。我的哥哥賈斯因為對於知識的渴望而受到稱讚，也會因為我尋求知識而稱讚我，在我的人生中，這是第一次對於知識的渴求反而害了我。在陶森天主教高中，發展自己的個人觀點與問問題以讓自己有更深一層的了解，都被視為不好的事。

我並不是突然有這些問題的。我的媽媽在教會工作，而我這一輩子也都在教會中度過。儘管沒有人逼我去教堂，但我對於上帝、上帝為什麼會這麼做以及上帝希望我們做什麼——尤其是祂希望我們如何對待其他人的問題有著許多看法。我在這所學校的課程中學到的東西和我的認知不一樣。「是這樣的，為什麼您對聖經有著這樣的看法，而我媽媽卻有著完全不同的見解呢？」我在第一學期的每一天幾乎都在問這種問題，但這不代表我是個不聽話的學生，我只是覺得：「為什麼我要把這些資訊當成是不可質疑的真理？一個高中老師對於宗教的解讀怎麼有辦法在權威性上凌駕於我媽媽、一個可能在教會待了更久的人？我不能有問題嗎？」

答案是堅決的「不行！」

我因為我的好奇心被叫進辦公室和校長與副校長面談。他們明確地說：「永遠不要質疑我們在這裡教給你們的東西，你永遠不該對於宗教信仰或我們的解釋方式有所疑問。你不該這麼做，而且如果你想留在這裡，就別再這麼做了！」我試著跟他們說明我媽媽的來歷，試著解釋我們經歷過的星期天晚餐、慶祝復活節以及她參加過的社區活動與教會活動，但他們不想聽。

「你要聽我們的話，而且只能聽我們的！」副校長說，「事情就是這樣！我不想再聽到你影響上課的事情了，不然你永遠別想在這所學校摸到籃球！」

陶森天主教高中一直非常重視且嚴格地對待宗教信仰。在各方面的課程中，都看得到它的色彩——我們總是在讀聖經、引用聖經中的話、學習理解聖經並參加彌撒。我並不完全同意他們的作法，我個人並不認為這些作法都是對的。在黑人的社區中，宗教信仰始終建立於與他人連結、生存、為變革而祈禱之上，而在陶森天主教高中的課程中，則完全沒有談到治癒心靈的部分，這是一種用來控制他人的方式：「如果你不這麼做，你將為此付出最慘痛的代價，永遠無法翻身！」我老家的朋友們聽到我跟他們說我必須研讀聖經，還必須為此上課、寫作業，甚至要常常參加彌撒時都覺得很不可思議，他們都在問：「唷，彌撒是什麼鬼東西？」

「你進去裡面後，藉由吃聖餐的形式來進行禱告，他們會給你一杯果汁、一小片薄餅乾，」他們困惑地盯著我，笑了出來，我告訴他們，「我就是為了點心去的，兄弟，你們知道我常常覺得餓，我會在他們允許的範圍內盡可能地去拿餅乾和果汁來吃。」

校方後來讓我和神父等高級神職人員進行了座談，那些老傢伙們講個不停，解釋了何謂彌撒、聖餐、這種禱告方式的目的以及為什麼我們必須這麼做。他們對我做的每件事情都有嚴格的要求，這絕對是我這輩子去過最瘋狂的學校。好笑的是，如果我不能打籃球，我根本懶得去討論這些事情。我理解聖餐，我不懂的是他們進行聖餐的方式。我媽媽在教會工作，但她的聖餐不符他們的標準，她的做法和他們的不一樣，所以他們覺得她的做法是錯的。這一切都讓我覺得不合理。

陶森天主教高中在整我。我來到這裡的第一年，竟然沒辦法在一軍打球。我來這所學校的目的就是為了在一軍打球，現在我卻沒辦法上一軍，所以我只能去打二軍，老實說，這打擊了我的自尊心。那些傢伙太遜了，如果我在替補席和他們坐在一起，會讓我覺得自己也很遜。我其他的朋友們，我在羅伯特．C中心、皇家山、塞西爾和其他地方的隊友都在一軍。報紙上有他們的名字，大學球探們也注意到了他們，他們做好他們該做的事，我卻只能枯坐在二軍的板凳席上，更糟的是，我還為自己製造了一個強大的新敵人。

對我來說，最糟糕的事莫過於在那門神學課中被當，因為這讓我成為了副校長的箭靶，他絕對不會輕易放過我。我不會說他是一名種族主義者，但他絕對會是那種你在申請貸款時用無法透露的原因拒絕你的人。每當他看著我時，總是笑得我心裡發寒，我從中理解了他想透露的訊息：**你能待在這裡的唯一原因，就是你是個會打籃球的黑人。**

「卡梅羅．安東尼，到我的辦公室來。」我之後在這個學年一直聽到這句話，他對我的頭髮、衣服或任何雞毛蒜皮的小事都有意見。在我上過神學課後，他就很討厭我。一個黑人籃球選手，竟敢對陶森天主教高中所傳授的上帝之道有意見。我算哪根蔥，他有讓我知道我之於他、學校和整個世界有多麼渺小的必要。

我在來這所學校時，身邊隨即出現了許多關於我的傳言，而我覺得他們根本不希望我來這裡上課。入學後，我和我的朋友達奈爾・霍普金斯（Darnell Hopkins）成為了眾人議論的對象，他也和我住在一樣的社區。達奈爾有著全美明星級的運動天賦，他在每項運動中的表現都很出色。他是個厲害的角色。從小到大，身邊的每個人都盛讚他有多麼優秀、是自己見過最棒的運動選手。如果我們在打棒球，在球場上的他就宛如化身為羅傑・克萊門斯（Roger Clemens），能投出時速九十英哩的快速直球。如果我們在打美式足球，在球場上的他就像是變成了德魯・布里斯（Drew Brees），能擲出飛過五十碼的子彈長傳，也可以像是麥可・維克（Michael Vick）般展現出過人的腳程。在籃球場上，他既是控球後衛，也有辦法得分。達奈爾無所不能。

他的表現總是令我肅然起敬，在當時的陶森天主教高中與巴爾的摩體育界，他絕對是個台柱般的人物。他讓我產生了我必須投入十倍的努力才不會讓自己被遺忘的感覺。我在我的社區、運動中心的球類賽事，都籠罩在他巨大的陰影之下，現在，我在新的學校也逃不過他的陰影。而他的優秀並不僅侷限於球場，因為他就是個好學生：整齊體面、是那種陶森天主教高中的主事者們會喜歡的小孩。他總是穿著合宜的正式鞋款，總是將「是的，夫人」、「不是的，先生」這些話掛在嘴邊，白人們都吃這一套，他們都覺得**達奈爾是特別的，他跟其他的黑人小孩不一樣**。所謂的其他黑人小孩，說的就是我。所以我必須小心翼翼地注意我說了什麼、做了什麼、在哪些場合下有過什麼反應。他定義了一個年輕黑人該有的模樣，是一把用來衡量我的尺。

「唷，他們在學校對你好不好啊？」阿貝常常在我們一起訓練或去他家玩的時候這麼問，「你喜歡嗎？」

「他們常常拿我和達奈爾那傢伙比較，」我說，「我好像被用顯微鏡觀察一樣，我做的每一件事都必須以達奈爾為準。」

「別想太多，他們喜歡他是因為他有貢獻，」阿貝回答，「只要繼續努力，輪到你發光發熱的時刻會到來的，等著看吧。」

我很幸運，有個像阿貝這樣的人讓我傾吐我的想法和感受。我並沒有心懷怨懟，而是始終如一地為達奈爾感到高興；我從來沒有嫉妒過任何人，我只知道自己必須察覺到人們都將目光放在他的身上。人們期望其他的黑人學生、這些從社區和住宅區中只因為能打球而來到這裡的孩子，都要在球場上和球場外拿出和他一樣的表現。如果沒有人適時地指引我們，我們的困惑很容易就會轉變成憤怒，而這是我們不需要有的情緒。我們應該要永遠展現出團結的一面，尤其在白人佔多數的環境中，黑人學生們更需要展現出這一面，最不需要的就是讓任何人，尤其是學校裡的人，覺得我們之間存在著一個空穴來風的矛盾。達奈爾和我來到這所學校，都有心想在九年級便進入一軍，他輕鬆地實現了這個目標——不幸的是，我沒有。

這讓我深受打擊，令我覺得自己很無能，把我逼回了自己的保護殼。我不想和任何人進行交流，不想做學校的工作，甚至不想留在這裡了。滑稽的是，每個人都在教導我們這些孩子教育有多麼重要、我們有多麼需要受到教育，但只有在參加運動競賽時，才會設立分數的門檻。不參加體育競技的孩子們，總是不會成為這些人們在高談闊論著教育時討論的對象，這使得一切都看起來好虛偽。我不在乎學校，我覺得這不適合我。如果我進入了一軍，或許就會有不同的感覺，但我沒有。而且我去上學的路途遙遠，大概要花一個小時的時間才能到學校。然後每個白人小孩都用覺得我是個奇葩的眼神看著我，老師們也總是對我的頭髮有意見，跟我說這個不能穿、那個不能穿、不可以綁辮子。他們贏了。球季快結束時，我不去上課，也不去學校了，我放棄了我的高中一年級，對我的成績和這所學校漠不關心。我一直在問自己，我在決定上這所學校時，是不是做了錯誤的選擇。

我不知道我的心境會如何演變，事情發展至此令人十分沮喪。我好奇，如果是阿吉的話會怎麼做？把一罐OE啤酒喝到見底？我不想這麼做——我目睹了酒精是怎麼摧毀了阿吉，也看到了濫用毒品對迪克造成了什麼影響，所以這不會是我的選擇，但我確實需要一種方式來沉澱我的思緒、讓我跳脫憤怒的情緒。所以我選擇了快樂的事，我回去鄧巴，每天都找肯尼一起玩。在陶森天主教高中，一天要上七節課，但在鄧巴高中只有四節課。我上完第七節課後，便立刻搭上公車或輕軌直奔鄧巴高中，然後直接走進他們的大樓。我到這邊的時候，他們大概才剛上完第三節課或正要開始上第四節課，也就是他們的最後一節課。我到了那裡後，會先去體育館打打球，或是去餐廳吃自助餐。

我太常在這裡打球了，頻繁得讓我覺得自己像是在這裡上學一樣，校長和老師們都沒有太在意，他們以為我也是這裡的學生。我交了幾個朋友、玩得很開心，並認真地思考轉學的可能性。我可以輕鬆地在鄧巴高中打到球，我知道這支球隊的風格，也知道自己一定可以在這裡升上一軍。我覺得自己比他們隊上跟我同位置的所有球員都還要厲害，我在高二來到這裡的話，平均可以攻下二十分以上。在鄧巴高中打球，我將能入選全市明星隊。說真的，要是我用我的球技幫助他們重返昔日的榮耀，我就能成為年度最佳球員，並成為這裡的傳奇人物。這個構想看起來實在太美好了，**那我該怎麼做、該去哪裡簽名，才能擺脫陶森天主教高**

中和他們愚蠢的規則呢？在我搭公車去鄧巴的路上、在我去羅伯特．C中心投籃以及我在街上閒逛時，「去鄧巴，卡梅羅，你在鄧巴能重拾你的王者身手！」這句話有好幾個月不斷地在我腦海中迴盪。但我沒辦法這麼做，我不能就這麼從這些人身邊落荒而逃，證明他們是對的。最終，我明白了逃避是最簡單的選項，如果我真有我想像中的那麼厲害，那麼我在鄧巴高中能夠實現的這些成就，我在陶森天主教高中應該也做得到。我不確定如果阿吉也陷入了相同的處境會怎麼做，但我知道他不會叫我走比較輕鬆的路。畢竟，阿吉離開聖法蘭西斯學院時，就是選了一條簡單的路。我敢打賭，如果再給他一次機會，他會選擇留下。我的作風不是尋找簡單的路線，我總是更擅於抬頭挺胸地面對所有的難關。我決定不再來鄧巴高中打混，而是回到陶森天主教高中，搞清楚在這裡生活的規則，好好上完我這一學年的課。

我可不想成為一個背棄諾言的人，在我發現自己要從二軍開始打起時，我跟教練說我會相信過程、精進自己的球技、打完這個球季並為明年作準備。既然我說了，我就要做到。一軍的教練總是在耳邊提醒我：「我們會把你升上一軍，我們會在報名參加錦標賽時填上你的名字，所以你必須設法讓你的分數過關。」

我從來沒有把他們的承諾當真，我的自尊不允許我再次讓自己陷入這種期望落空的處境，但我還是做到了我說出口的承諾。我打完了這個球季。我們的戰績很糟，只贏得一勝十四敗，但我堅持到了最後。

我很高興球季終於結束了，到了夏天，我就不再讓這件事占據我的腦海。我不要再浪費時間思考自己打的是一軍還是二軍，**如果我能上場，我就上場**。我參加了AAU的比賽，而且痛宰了每個對手。高中的經歷對我的球技有很大的幫助，和高年級球員對抗讓我變得更加強壯，而再次和我的朋友們一起打球則讓我增加了信心。我要記住的是我是誰，記住自己是被懷斯教練逼著去和年長的孩子們打球的小子。我得到更多經驗，並變得更加強壯、比以前強壯多了，讓我強壯到足以與鐵籠球場和公園球場裡的大人硬碰硬。人們都注意到了我，我在這座城市中的名號也越來越響亮。雖然我並沒有得到全國性的關注，但我的名字已經響徹了巴爾的摩。在我的高二球季開始前，我就知道我將升上一軍，我對自己承諾，不要汲汲營營於出賽時間，只求成績能夠達到出賽標準，讓我能夠上場好好打球。

後來在那一年裡，我開始在長時間中承受著難以忍受的疼痛，我的背會痠痛，手臂與膝蓋也有灼熱與刺痛的感覺。人們說這是必經的歷程，只是時間早晚的問題。我當時沒有想過這種事會發生在我身上，但它就這麼自然而然地發生了。

我的媽媽有五呎九吋高，以一名女性來說算是很高的身高。我的哥哥們都輕鬆地長到了六呎三吋。而從老舊的拍立得照片中可以看到，我父親六呎六吋的身高，令站在他身邊的人們都顯得矮了一截。所以我在早上醒來大喊「媽，我今天沒辦法上學了，我的腿和膝蓋都痛得受不了，讓我動彈不得！」的時候，她看起來老神在在。

「卡梅羅，你在長大，該換一張床了。」她說。

我們把能換的東西都換了，把我那張小小的單人床扔掉，改用蜜雪兒那張舊的大床。我們買了新的運動鞋，因為我的腳正和身體的其他部位一樣快速地往外擴張。我們也買了上學要穿的新卡其褲，因為我一開始買的褲子，現在褲管只遮得到我的小腿中間了。

這次的快速生長期有著實實在在的成果，我在幾個月內從六呎一吋長到了六呎五吋、六呎六吋，如果我的童顏也跟著變了，人們可能就認不出我了。但別人認不認得出我，對我而言其實是無關緊要的問題。一開始，我真的是痛到沒辦法走路，我全身都在痛、沒日沒夜地痛，痛到人們應該會理所當然地吃止痛藥的程度，但我沒吃，我硬是忍了下來。在疼痛感減輕時，我的身體變得很遲鈍，更瘋狂的是，我若努力想要恢復身體的協調感，那就會產生更多的疼痛。我會痛到哭醒，想著到底什麼時候才能揮別這種痛苦，什麼時候我才能重新正常地走路？

一開始，我都只能用一種奇怪的姿勢一拐一拐地走路，即使我整天都躺在家裡，我的身體還是感覺像是在水泥地上打了十場比賽一樣痠痛。幾個月後，疼痛消失了，取而代之的是信心。一些神奇的事情發生了，讓我感覺自己所向無敵。我還是跑得跟後衛一樣快，但體型與肌肉量也足以在禁區裡和對手抗衡。我現在具備的天賦，足以擊垮那些已經準備去上大學的球員，我已經到達了新的境界。不管對手是運動中心裡的孩子還是露天球場裡的大人，對我來說都已經無所謂了。我雖然還是個墨菲之家的孩子，但身體已經像是大人，而打得更像是神。對每個想在球場上跟我對抗的人來說，這將會是個漫長難熬的夏天。

第二十一章　比賽開始

我的首要任務是遵守規則，這是我在高一沒做好的事情，我決定再也不在神學課上發表任何言論，我需要通過這堂課，而為了我的言論去校長辦公室實在是不值得，這阻礙了我的目標。副校長和老師們才不在乎我的家庭背景或我對上帝有什麼看法，他們的立場已經很清楚了，所以我又何必浪費我的心力在他們身上？這除了讓我不能打球之外，不會為我帶來任何好處。

我並沒有因此不再對任何事情產生疑問了，我仍然是個好奇寶寶，只是我覺得學校不是個適合探索答案的地方。我的媽媽是個執事，她有她的看法，而我則繼續在我個人的探索之旅中前進。我常常想事情、想一些問題，像是上帝長什麼樣子？你怎麼知道你選擇了正確的宗教信仰？我們都能上天堂嗎？媽媽說的是對的嗎？還是學校說的才是對的？像迪克這麼過分的人，也能上天堂嗎？穆斯林是正確的嗎？那像是我哥哥賈斯這些屬於百分之五民族*的人呢？這些白人天主教徒甚至不知道成為一個百分之五民族是什麼意思吧？為什麼上帝將他的話語傳給了我的老師們，卻沒有傳達給我？

我把這些問題藏在我的心中，並努力讓我的課業重回正軌——做了額外的家庭作業、放學後留在學校以及各式各樣的努力。我想和達奈爾一起打球，我覺得我們可以成為一支強隊，而我們也都期待能與彼此聯手，這代表我必須把我份內的事情做好。

你可以留爆炸頭，但不能綁辮子，我從四或五歲開始就一直留這個髮辮，但我沒有發牢騷，只有尊重並遵守規則。我鬆開了我的辮子，留了一個整齊清爽的爆炸頭。每當我碰我的頭髮，或稍微捲了一下我的頭髮，就會讓我被叫去辦公室，所以我盡可能地壓抑著我想碰頭髮的衝動。我猜耶穌雖然鼓勵大家鑄劍為犁、化干戈為玉帛，但不鼓勵大家留玉米辮。

在那裡也不可以穿Timberland的鞋子，他們希望你穿窄窄的Hush Puppies或其他牌的教堂鞋。記住，對一個孩子來說，穿教堂鞋的每一分鐘都漫長得像一小時。後來，我找到了一些山不轉路轉的方法，不穿那種看起來像工作鞋的Timberland鞋款，而是改穿登山版的Timberland鞋。我們把這種鞋叫做「牛肉配花椰菜」，因為是棕色和綠色的。那雙靴子既符合規定，同時也讓我穿得很舒服。我做的這一切，都是為了在走進體育館時，看到名單上用粗體字寫著**卡梅羅・安東尼**的名字，這對我來說意義重大。這就是為什麼我會來到這裡，為什麼我坐了那麼久的公車，為什麼我在體育館裡投入了大把的時間，為什麼我在上神學課時保持沉默，就是為了出現在這份名單上，從現在開始成為代表球隊的一員。**我做到了**，我一遍又一遍地對自己說，**我要綻放光芒，唯一能阻止我的人就是我自己**。

夏天過後，我做好了參加一軍的準備，我覺得我有大展身手的機會，我覺得我會有很棒的一年。我打出了此前從未有過的好表現，從球季一開始就獲得了上場時間，而且這還不是我的最佳狀態，因為我還在適應這個快速成長後的身體。但我開始向人們展示，我不只是來一軍過水，更是要穩坐一席之地的，人們對我的討論也越來越多。「你們看到梅羅的表現了嗎？他真的很厲害，他會成為一個很棒的球員。」我沒有理會這些言論，只有繼續打我的球。而隨著原本在隊中最強的基斯・珍尼佛離隊去上軍校後，這支球隊突然變成了我和達奈爾的球隊。人們再次開始討論誰會成為這支球隊的領袖，會是梅羅還是達奈爾？再一次，我無視了這些雜音，我將它們隔絕在外。我打定主意，與其花時間在憑空想像和做這些白日夢上，不如花更多時間在訓練和實際的行動上。而我的投入有了回報，我感覺到自己每場比賽

＊　譯註：安東尼將於第二十九章詳細解釋何謂百分之五民族。

都在進步。人們開始試圖挑撥我們、讓我們對立，而我們雖然沒有私人恩怨，但我肯定他覺得自己比我強，就像我也覺得自己比他還要厲害一樣。

達奈爾很優秀，高大、強壯，是一名穩健的控球後衛，但我還是覺得我更厲害。不知道為什麼，但我就是這麼覺得。對我來說，問題在於很多人不知道這一點，這令人們為誰比較強的話題爭論不休。我一直覺得不管做什麼事，我都必須付出額外的努力，才能向自己與其他人證明我的能力。更奇妙的是，我在幾個月前才差點要放棄了，但現在我卻有了證明自己的決心。從毫不在意到試圖證明大家是錯的，我與體育之間一直有著這樣的連結，這基本上也是我回應任何逆境的方式。這可以追溯至我生命中許多不同的時刻，最早可以追溯到我的朋友偷了我的項鏈。我很後悔讓他偷走了它，也發誓這種事再也不會發生。失去這條項鍊，令我非常難受，我不喜歡那種感覺。挫敗感，也是一種讓我無法忍受的感覺。這就是為什麼我剛搬到巴爾的摩、鑰匙就被偷了的時候，我會為了那串鑰匙大幹一場，也是為什麼儘管大家都知道我太小了，打不過阿吉，但我仍然在球場上與阿吉交手時積極地進攻。最終，人們會記住我付出多少努力，而不是我的體格與對手有多大的差距。我不會輕易地讓人們把達奈爾放在我前面。如果他進行了兩次衝刺訓練，我就得做四次。如果他做一百個伏地挺身，我就會跟在他後面做兩百個。我不會輸給他。

這種動力使我成為一名頂尖球員，讓我被選為《巴爾的摩太陽報》的市內年度最佳球員和巴爾的摩天主教聯盟的年度最佳球員。這個球季，我平均攻下十四分、五籃板、四助攻、二抄截。我們贏得二十六勝三敗，並在州錦標賽獲得第三名。

達奈爾依然是球隊的先發控球後衛，而他也成為了我最親密的朋友之一。那個球季，我們每天都在球場上攜手奮戰。他和我住在同一個社區，所以我們花了很多時間一起通勤和做其他的事。關於球隊老大是誰的肥皂劇從來沒有影響到我們之間的關係。我們一起訓練，分享彼此的餐點、夢想，以及其他一切，達奈爾和我成了家人。我們不斷透過彼此的企圖心來推動彼此，這真的很美好，因為我們都是很強的球員，而我們聯手後，每個對手更是拿我們毫無辦法。我們讓陶森天主教高中成為人們談論的話題。那一年，達奈爾和我甚至還一起在夏季籃球聯賽攜手作戰，一起加入了一支名為巴爾的摩藍隊（Baltimore Blue）的球隊。巴爾的摩藍隊是為了挑戰DC特區突擊者隊（DC Assault）而成軍的球隊，後者是該地區最強大的AAU球隊之一。率領這支球隊的是一位名叫詹姆斯．懷特（James White）的超級球星，人稱「跳躍者詹姆斯．懷特」（Jumping James White），因為他能像喬丹一樣從罰球線起跳灌籃。

懷特正要升高四，我則要升高三，而他也是馬里蘭州的頂尖球員，還已經有了全國排名。大家都聽過懷特的大名，他就是個如此知名的人物。在一場巴爾的摩與華盛頓特區的地區對抗賽，我們在陶森大學（Towson University）出賽，那裡離我們學校不遠，離華盛頓特區也只有一個小時的車程，所以巴爾的摩和華盛頓特區的人全都來了，塞爆了體育館裡的每個角落。我知道他們主要是來看懷特的，所以我必須表現得更亮眼。我有點緊張，我從來沒有和詹姆斯．懷特這種受到眾人擁戴、名聲顯赫的球員交手過。他是人們心中的最強球員，人們都覺得他無所不能。我看向觀眾，我想，他們心中想的都是誰會被懷特羞辱、誰會成為被他灌籃的倒霉鬼。懷特知道大家是怎麼想的，這可能是他在球場上一點都不緊張的原因，他在場上一派輕鬆地來回慢跑著。

我們上場比賽時，我有了仔細觀察他的機會，我發現他並不如我預想中的高大。我們在禁區中稍微碰撞了一下彼此，然後我發覺到他並不像人們口中說的那麼強壯。但是，老天，這傢伙真的很能跳，他甚至能在空中飛翔。但我也有跳躍能力，所以這一點抵消了。懷特得分，我也得分，然後我又得分了，接二連三地把球投進籃框。隨著比賽進行，我發現這傢伙根本守不住我，他根本拿我的投籃沒轍。我不是個愛嘴砲的人，也不愛講垃圾話，我只是不停地跳投命中、衝進禁區，製造進算加罰的機會，然後把球穩穩地罰進。最後，在為懷特助威吶喊的人們面前，我在他的防守下攻下了大概三十分，令觀眾們為我瘋狂，因為墨菲之家和皇家山之外的人們不知道我這麼會得分。我自己也很驚訝，因為如果我這幾招用在這麼強的詹姆斯·懷特身上都能奏效，那麼這幾招就可以拿來對付任何人。這是我第一次覺得自己站在了頂端，我並沒有因為一場比賽打得好就得意忘形，但我知道這次的表現是有其意義的。人們都知道巴爾的摩有一些你不能錯過的好球員，現在，這份名單也要加上卡梅羅·安東尼的名字。

那一刻我的整個心態都改變了。我長高了，我的身體調整好了，變得更強壯了。懷特是一名優秀的球員，但在當下，他卻還不如我。如果人們覺得他是佼佼者，那他們現在應該見識一下我的表現。執教巴爾的摩藍隊、也在我的高中擔任助理教練的喬·康奈利（Joe Connelly）一直在為我灌輸動力：「唷，小子，教訓一下這些傢伙，你比他們還要強！」

喬是個精力充沛、滿腦子籃球、每個人都喜歡的白人小子，他是我能繼續待在陶森天主教高中的原因之一。喬總是陪伴著我，對我來說他不只是個教練，更把我和學校連結在一起。他也是我身邊最擅長幫我加油打氣的人：「唷，修理他！詹姆斯·懷特根本搞不定你！」他一直講這些話，讓我從中感受到能量，也讓我做好迎戰任何人的準備。

在那個夏天接下來的時間，我持續在球場上活躍，打敗這座城市裡的每個對手。從某個時間點開始，大家不再問達奈爾是不是這支球隊的領袖了，大家都想知道卡梅羅會在球場上拿出怎麼樣的表現，這是我的球隊了。

第二十二章　陶森小廟容不下我

在我回來展開高三球季時，我就像是被打通了任督二脈。從籃球方面來看，我已經表現得很不錯了，我也覺得在這之後我能夠達成一番特別的成就。我知道現在的我肯定有大學可以上，只差確保我能從我想去的大學拿到全額獎學金了。我的第一選擇是雪城大學，所以我把全部的心力放在進入那所大學。我從小就一直很喜歡雪城大學了，我喜歡他們的球員、球衣的顏色以及在大比賽時體育館裡的震撼氣氛。來自巴爾的摩的麥可・羅伊德和其他我認識在那所大學打球的球員常常在講他們在那裡過得有多麼開心。

阿貝和麥可・羅伊德是好朋友，也認識很多雪城大學教練團裡的人，其中一名教練團成員在某天的比賽中碰到他後，問了有關我的事情。他知道雪城大學是我最愛的學校之一，因為我實在太常講這支橘衫軍的事了。

擔任助理教練的喬希望我去馬里蘭大學，他並沒有想要勉強我，但我知道他希望我去。我很喜歡喬，但我對那所學校沒興趣。我向阿貝尋求建議，他告訴我要跟隨自己的心意，做能讓自己快樂的事，永遠不要為其他人而活。因為，自己才是要為自己的決定負責的人。

在我做決定的過程中，阿貝的牽涉讓某些人不太高興。隨著越來越多大學開始對我感興趣，這些學校的人們都會質疑我們的關係，提出「為什麼阿貝一直都跟梅羅在一起？他一定是想撈到什麼好處。」之類的問題。但我總是會制止他們，因為在很多人根本不知道我是誰的時候，阿貝就已經陪伴在我的身邊了。在我還沒有獲得星等、還不是頂尖球員或是知名大學爭相挖角的目標時，他就已經在我的背後支持我了。在我只是個想要求生存的孩子時，是阿貝幫我生存下來。他不僅為我上了一堂沒辦法用錢買到的課、教會我如何在街頭生存，更實際地給了我金錢上的幫助。他總是用真誠的態度對待我，在我們不能一起出去玩時，他會給我一點錢，讓我帶當時的約會對象去看電影或是吃星期五美式餐廳的雞翅。在我們一起出去玩時，他也總是會來接我。有一段時間，我每天都會打電話給他、和他一起看籃球比賽或是去他住的公寓和他打電動，他的女朋友還會煮晚餐給我們吃。我真心覺得，如果我不認識他，我就會常常去外頭鬼混，然後就可能會惹上一些麻煩。我和阿貝一起出去玩，能幫助我轉換心情，讓我度過一段能夠歡笑、找樂子、學到東西的時光，並在這段時間中逃離背負著成為優秀球員的期望所帶來的焦慮與憂鬱，以及阿吉離世、哥哥們不在身邊這些我從來沒有真正治癒過的創傷。

從無名小卒變成知名運動員後，帶來了龐大的壓力。我很快便發現，人們對我產生了各式各樣的期待，也立刻將他們的夢想加諸於我身上，而我一定要實現它。人們甚至無法想像我有可能說出「不想再打籃球了」的話，他們甚至在我拿到支票前就想著要怎麼花我的錢。而我愛我的家人、朋友與我的街區，我知道我不能讓他們失望，但有時候我真的需要離開這個社區，跳脫這瘋狂的氛圍、喘一口氣。

阿貝和我沒有看比賽時，他會帶我去和幾個高手對決、測試我的球技。某天，阿貝帶我去了皮克斯維爾（Pikesville）的一個高級體育館，他和他認識的圈內人士找來幾個人、湊出幾隊、打了幾場堪稱市內最激烈的比賽。那是我打過最棒的體育館之一，有些巴爾的摩烏鴉隊的球員也常常來這裡訓練，有時也甚至會和我們一起打全場比賽。儘管我還是個高中生，身材也比較矮小，但我還是能在和這些人交手時打出一定程度的水準。我在大多數需要正面對決的對手面前，通常都能打出一定的競爭力，直到我遇到了馬克．卡奇爾（Mark Karcher）。

馬克是個超級明星。他曾經是阿吉在聖法蘭西斯學院的隊友，現在在天普大學（Temple

University）打球。他的籃球之路和我的完全不同。我的名聲在高中之後才逐漸傳開，而他從小就是球場上的扛壩子，有無數充滿了傳奇色彩的故事，講述著頂尖大學的教練只為了一睹馬克的風采，便溜進巴爾的摩最困苦危險的社區，而他的表現從未讓他們失望。馬克充分發揮了他六呎五吋的身材優勢，他既有後衛的技巧，又像是年輕的歐拉朱萬般有著夢幻的腳步，他的技術全面，真的無人能擋，每個人都相信馬克必定會成為一名ＮＢＡ球員。

他們理所當然地派我去防守馬克，而他打敗了我，輕易地將我推開、在禁區輾壓我，且完完全全地封鎖了我的攻勢。我沒有一招半式是對他有用的，我對他束手無策，我持續奮戰，但他太高大也太強壯。我覺得我讓阿貝失望了，我當然也對自己感到失望。大家告訴我不要擔心，因為我還年輕，但我習慣了勝利的滋味，而這次的失敗讓我更加努力。

我不斷告訴自己高三將是關鍵的一年。我的狀態不再被人們打上問號，大家都知道我樣樣精通，能運球、傳球、投籃，還能用防守鎖死對手。儘管我還是瘦得像排骨，但我已經習慣了我現在身體的高度，我感覺到自己又重新能夠將後衛的技術和靈活的腳步運用自如了。我把這個球季當成我的出道派對，所有的高四球星都離開了，其他的高年級生們整個夏天都看到了我有多厲害，大家都把焦點放在我身上，我就是陶森天主教高中的招牌。

我非常專注，也摸清了這所學校的遊戲規則，我知道什麼能做、什麼不能做，以及如何不踩到他們的底線。在這所學校裡，所謂的底線就是他們嚴格且惱人的規則清單，像我這種人若是踩到那條線，就別想全身而退了，所以我完全沒有想過要挑戰那道界線。我可能骨子裡是個離經叛道的人，但我能把那些不經大腦的行為忍到下課後再做，不然實在太冒險了。

陶森天主教高中開始受到越來越多的關注，學校的知名度因為卡梅羅·安東尼的名號越來越響亮而逐漸上升，這點燃了副校長的怒火。我想如果取得了這番成就的是另一個孩子，他或許就不會覺得有問題，但由於我曾經質疑過他對宗教的理解，還頂著爆炸頭，也不符合所有「好黑人」的標準，這讓他看不順眼。然後，隨著球季進行，我獲得了更多的關注，又讓他更生氣了。《巴爾的摩太陽報》想要報導我、學校和我們大獲成功的一年，他有意見。在當地電視第十一頻道的WBAL新聞台，想要對我進行貼身採訪，報導一則我是如何走出墨菲之家、成為一名州內頂尖籃球選手的故事。這是個非常正面的故事，也能為學校塑造好的形象，然而即使如此，副校長也還是有意見。任何提到卡梅羅·安東尼的籃球技巧、旅程與潛力的話題，都會讓他不高興。我從來沒見過一個成年人居然對一個孩子抱有這麼大的恨意，更不用說我還是一個為學校吸引了這麼多正面關注度的孩子。

但我猜他一定有向聖母瑪利亞祈禱或接受了某些心理諮詢，因為他的所作所為突然有了改變，他不再因為一些本來會挑我毛病的小事情處罰我，一切突然不再發生了。這傢伙從一個不管我做什麼都緊盯著我不放的人，變成會給我空間、完全不再管我的人。或許我該感謝上帝，也或許我該歸功給我自己，因為陶森天主教高中現在在州內是排名數一數二的球隊。或許我現在已經有著高到他不能再來煩我的價值。我知道我獲得的這些讚美都讓他一肚子氣，因為他在走廊上看到我時，眼神中仍然充滿了恨意。他沒有再公開跟我說過什麼，但那個眼神已經說明了一切。我很滿意這種他對我無言以對的現狀，因為我也跟這傢伙無話可說。不過我還是得說，他開始用一種會令我困擾的方式在言談中提到我，儘管他不會直接跟我交談，但他常常討論有關我的事情：「是啊，卡梅羅不管怎樣都想做什麼就做什麼，他以為這所學校是歸他管的。」

後來，他突然完全不再提到我，就好像我根本沒上過那所學校。有趣的是，在這個時候，我對學校的貢獻比學校為我做的事情還多。我為陶森天主教高中帶來的知名度已經遠超過了行政部門，這也開始令一些家長感到不安。學校的門面是個出身於西巴爾的摩住宅區的黑人小孩，實在令這些天主教徒們高興不起來。他們受不了。大家都喜歡看到自己的球隊贏球，但這是一所天主教學校、一所私立學校，而且還位處於一個對種族有偏見的縣內。籃球不該是這所學校引起媒體注意的主要原因，而且引起外界關注的傢伙，還是個他們之中大多數人都不知道名字怎麼念的人？他和人們的對話居然完全沒有提到基督的慈悲為懷，真是怪異。

這些人對我意料之外的成就所做出的反應，讓我看透這些人了。我再也不會為了自己在神學課上做過的的事情感到抱歉。我媽媽是對的，而他們都錯了。這些有錢的大人打著宗教的幌子，把仇恨加諸在我的身上。我的媽媽從來稱不上是個有錢人，但她總是會餵飽社區裡每個餓肚子的人，對人們有求必應。儘管我們生活在公共住宅區一間狹小的公寓裡，若有人有借宿一宿的需求，我媽媽也會毫不猶豫地應允。她不必去參加彌撒、長時間參加講道或吃一片走味的餅乾，就能明白這些都是正確的事情。這就是我所受的宗教教育。

我決定接下來在陶森天主教學校的時間，要好好享受我精彩的一季，並好好對待每個人，雖然我知道沒有辦法讓那些人從我的角度看事情。學生和球迷讓這段過程變得輕鬆多了，我用寬大的胸襟對待他們。我從來不是個以自我為中心的人，我從不希望讓身邊的任何人覺得不舒服，也真心相信我們會因此有所回報。

我獲得的其中一份最豐厚的回報，在五月二十九日，也就是在我生日當天到來了。我在這天承諾自己會去雪城大學打球。我知道他們會接納我，因為他們一直瘋狂地招募我，但直到我拿到那封錄取信，這一切才有了真實感。

我的心一時凍結，然後充滿興奮之情。我做到了。雪城大學提供了一份全額獎學金，讓我成為他們第一位招募的新生，也允諾會讓我來主導比賽。我不是當學長的替補，也不用跟在別人身後、先從學習體系開始做起。這是我的舞台。自從他們發現我有去雪城大學的意願後，球隊的好幾個教練一直在告訴我這一點。他們來看了我每一場比賽，而答應來上這所學校，是我所做過最簡單的決定。

隨著我的星光日漸閃耀，越來越多老師們對我開一些老掉牙的笑話，或者說一些尖酸刻薄的話，他們都好像覺得我只顧著打球、沒把課業放在眼裡，但我確定我有完成每一項作業，因為我不想落人口實。

妙的是，我後來和神學課的老師變得很熟，就是在一年級把我當掉的那個老師。她很支持籃球隊，也在這間學校工作很久了。隨著她越來越了解我、了解我的好奇心和幽默感，她開始明白為什麼我會有這麼多的問題。我也學會如何以更有效的方式溝通並表達我的感受。我不再以憤怒作為出發點，而是尋求更深層的理解。雖然我還是不完全同意她的教學內容或是這間學校的理念，但我欣賞她的人格特質。她所受的影響和有過的經歷，塑造出了現在的她，就跟我也是有過我的經歷，才成為了現在的我一樣。在我需要幫忙時，她會幫助我。像是她會在球季進行時給我額外的時間讓我完成作業，後來也成為了我在學校裡最主要的盟友之一。而我真的需要盟友，因為在那個時候，有很多老師站在副校長那邊，甚至不想和我說話。副校長有他的門路，能將他對我的仇恨散播給其他老師，能從他這個大人可運用的時間中抽點空來聊我的八卦、把我妖魔化。

當時我真的不懂他為什麼會心懷恨意，也不懂為什麼他會針對我這麼久。有時我甚至覺得問題出在我身上，但現在我明白了，除了種族是其中一個因素之外，還有更深層的原因。這傢伙知道我是個特別的人，甚至在我察覺到這件事之前就知道了，他知道我在未來的人生中能取得偉大的成就、能做到他無法想像的事。而他不僅沒有支持我、幫助我成為一個能以我就讀過這間學校為榮的人，更選擇從情感、社交與教育層面上摧毀我。

我做了許多努力、試圖搭建能跨越彼此鴻溝的橋樑，我知道這一開始是因為我在神學課不及格而造成的，我太慢學會這所學校中的生存法則，但我是全心地為此投入，我不僅完成了作業，也為學校帶來了正面的形象。我是個模範生，就跟達奈爾一樣優秀，那麼為什麼他不能承認並尊重我的成長？我媽媽對我的愛，對我來說有著舉足輕重的重要性，如果她知道我在學校和一個成年人開戰，一定會讓她很不開心。所以我在走廊上看到副校長時，儘管他總是撇開視線、從不回應，我也還是一直會跟他說「哈囉」和「早安」。在我沒有忙著打籃球時，我也會幫忙做學校的事，但他也總是無視我做的這些事。那些站在副校長那邊的老師們也會有樣學樣，在我舉手提問時，他們就會一邊說「哦，是你啊，你又想做什麼了？」之類的話，一邊把白眼翻到外太空，看起來很不耐煩，然後找其他可以點名的學生。只有實在找不到其他舉手的人時，他們才會重新把目光放回我身上，然後盡可能以最惡劣的口氣說：「卡梅羅，你想幹嘛？」遺憾的是，我想學習和在課堂上有參與感，卻沒有人給我這個機會。在我大部分的人生中我都喜歡上學，但陶森天主教高中有一群小心眼的老師和一個嫉妒他人成就的副校長在，他們奪走了我的熱情。

我遇到了基斯・珍尼佛和拉方特・強森時，他們都跟我說這位副校長也對他們做過一樣的事。他一開始可能會無視你，或對你雞蛋裡挑骨頭，然後，一旦你因為你的天賦而引起了他人的注意，他就會翻臉不認人、想逼你離開。這樣的情形也發生在我的身上，我知道我必須離開。這聽起來可能滿瘋狂的，但我的成功已經成為了一個問題。你可能會覺得一間小規模的私立天主教學校應該會樂見像強森、珍尼佛和我這樣的球員為他們帶來的關注和資金，畢竟，這是他們允許我們來這所學校上學的唯一原因。然而，我們能夠獲得的關注有其上限，因為大多數付錢讓孩子來上課的家長並不關心籃球，而副校長也不喜歡這項運動。只要我們受到學校的控制，不太過引人注目，就可以在這間學校上課和打球。一旦我們受人矚目，開始出現在部落格和報紙上，他就希望我們滾蛋。我應該沒辦法繼續在這裡多待一年然後還能保持理智了，我必須離開陶森天主教高中。

不過，要離開這間學校沒有那麼簡單，有個問題在。在我摸清這所學校的規矩前，我在高一累積了太多次、滿山滿谷的留校察看紀錄。我因為領帶沒綁整齊而被留校察看。我因為上衣有點沒有紮好而被留校察看，但這不是我能控制的問題，因為我一直在長高。儘管我每天都要花一個小時通勤上學，但只要遲到五分鐘，也還是會被毫不留情地留校察看。我因為問有關上帝的問題被留校察看、因為頭髮長出來的樣子被留校察看、因為累積太多次被留校察看的紀錄所以被留校察看。如果我真的要完成全部的留校察看，可能要等到四十歲，我真的鬥不過學校。

我拒絕接受所有的留校察看處罰，因為這感覺根本不公平。我已經盡力遵守規定，而我不會讓這些傢伙隨便玩弄我。所以他們就持續統計著這些不斷升高的處罰次數，到了學年末，在大家準備過暑假時，副校長在走廊上攔住我說：「我會扣留你的成績單，直到你完成所有的留校察看為止！我們整個夏天都會見面的，學校有得是清潔工作，卡梅羅，我會盯著你把它們完成！」

他會突然擺出這種強硬的態度，讓我覺得很奇怪。後來我漸漸明白，他之所以在球季進行期間按兵不動，是因為我讓學校受到全國的關注。我讓大家發了瘋般地買票、讓體育館座無虛席、讓人們大排長龍。我讓眾多的人們想來陶森天主教高中，我猜申請人數大概多了三倍。我以平均二十三分、十點三籃板的成績為高三球季劃下句點，但我們輸掉了州冠軍。我被評選為巴爾的摩年度郡內最佳球員、全市年度最佳球員和巴爾的摩天主教聯盟年度最佳球員。隨著我的成績塵埃落定，媒體的熱潮也逐漸散去。大家沒把注意力擺在這裡的現在，就是他採取行動、對付我的時候了。

「我們要排個時間表，這樣我才能知道這個夏天你要來幾天才能完成所有的留校察看。」他說。

「我不幹，坐公車來這裡要一個小時。」我告訴他。

他才不管我。他說這是我唯一能夠領回成績單並升上下個年級的方法，然後他對我沒辦法在夏天進行籃球活動一事冷嘲熱諷。如果你對籃球有點了解，就會知道夏天有多麼重要——訓練營、AAU錦標賽以及被大學校注意到的最大機會。他試圖摧毀我的這一切，但我目前的處境滿安全的，我在這一年不斷地收到從各個大學寄來的信件，這些信如洪水般淹進我的信箱。不知道為什麼，有幾封信甚至還被寄到了杜克家。

「唷，兄弟，我的信箱裡有喬治城大學、馬里蘭大學、北卡州大（NC State）、UCLA還有其他大學寄給你的信！」杜克笑著說，「天啊，大家都想搶你！」

我不需要在訓練營或錦標賽中有所表現了，因為我已經確定了去處，我已經做出會去雪城大學的承諾。如果我拖拖拉拉的，反而可能會自找麻煩。提前做出決定的這個遠見，讓我可以輕鬆擺脫陶森天主教高中。副校長給了我兩個選擇：完成所有的留校察看或是被踢出校門，我選了後者，而這完全不會給我帶來任何影響。我這一年的表現很棒，在球場上留下了許多成績，而我現在終於可以擺脫這些校方高層和那些因為莫須有的罪名便將我妖魔化的家長們。我來自一個同齡的小孩可能會被殺害的社區，我的朋友和家人都有人遇害，而陶森天主教高中的這些小丑居然因為我太高了、沒辦法把上衣紮進褲子裡讓他們滿意而生氣？拋下這所學校的決定，就跟決定去雪城大學一樣簡單。

第一件要做的事，是我們必須讓雪城大學的教練團知道我已經離開陶森天主教高中，而且我會去其他地方完成高中學業。一名助理教練迅速地聯繫了我們，跟我媽媽說我必須離開這座城鎮、把高中讀完。

「卡梅羅，你應該去橡樹丘高中（Oak Hill）！」

我當時覺得：「怎麼可能，我不會離開這裡，我才不會去什麼橡樹丘！」我不想離開朋友，去某個遠在維吉尼亞州（Virginia）鄉村的學校。他們可能有個教育班長，會要你一邊行進、一邊唱國歌或其他進行曲。我已經在巴爾的摩郡一所奇怪的高中待了這麼長一段時間，這可能是我唯一的一年能去一所正常的學校，舉例來說，像是鄧巴高中，我能去那裡和我的朋友們一起打球，贏得冠軍，然後再去雪城大學。去橡樹丘高中是個糟糕的主意，是那些拿不到成績單或需要在高中多待一年才能上大學的人迫不得已才要去的地方。我本來有機會拿到成績單，而且也不需要多花一年待在高中。*

　　但現在是我自己在搞笑，因為現在的問題不是我想去鄧巴高中、橡樹丘高中還是其他學校，而是我根本沒辦法去任何一所學校，因為我沒有成績單的謄本。在我完成全部的留校察看前，陶森天主教高中不可能把它交給我。我唯一的選擇，就是先去上弗雷德里克・道格拉斯高中的暑期學校。

* 譯註：美國高中生通常在第十一年級時便會準備申請大學以及準備各種入學考試。

第二十三章　鐵腕校長

如果我可以在弗雷德里克．道格拉斯高中修畢我的剩餘課程並提高我的GPA成績，我就可以畢業然後上大學了。在夏天的晚上還要去全市最爛的學校之一上課有點丟臉，我所有的朋友們都在太陽下山時出門玩耍，所以我錯過了與他們出遊的時間，沒辦法一起打球或追女生。而且大多數市內的學校沒有空調，所以這代表我必須在一所散發著熱氣與臭氣的學校中讀書，這裡塞滿了心不甘、情不願地來到這裡的人們，我也是。我們班上有著因為打架、刺傷老師、帶槍去學校等各式各樣的原因而被踢出學校的孩子，而我會坐在這裡的理由，則是留校察看。

站在教室前的老師看起來一副非常無聊的樣子，似乎對於自己被付錢來看管的這些孩子們不抱任何希望。坐在我們後面的女生們從星期一到星期五都在做頭髮，搞得簡直就像是個小型美容院。然後還有個男孩，無緣無故地坐在桌子上。老師已經叫他下來很多次，後來他放棄了，假裝沒看到。有時毒蟲們會從學校側門溜進來，對在我們班賣毒的人揮手。他們會離開教室，留人在窗邊把風，然後在洗手間進行買賣。每個人都對這種情況視若無睹，這裡根本就是一團亂，有些人就是為了賣毒品才來這裡的，因為某些原因，他們不想或不能在街頭販毒，學校便提供了他們一個安全的賺錢空間。

我對自己很失望，在內心對自己說「你不該待在這裡，卡梅羅，你要上大學了，怎麼會在這裡浪費時間？」我怎麼會從州內最好的私立學校之一，淪落到要和一群根本不在乎教育的人待在同一個班級。我不是要批判他們，但在這裡沒有人想試著學點東西。而讓我淪落到這裡的人，就是我自己。我媽媽這麼努力地工作，讓我能去那麼好的學校上學，給了我其他哥哥姐姐們都沒有得到過的機會，而我竟然把自己搞成這樣？

我媽媽從來沒有打算要待在巴爾的摩這麼久。我們在幾年前剛搬來這裡然後住了幾個月後，我媽媽有想過離開。在紐約，像她這樣的女性能夠得到更多機會。她持有的商務證照，本來可以讓她不管去到城市裡的哪間銀行都找得到工作，但在巴爾的摩，銀行業並沒有那麼發達。是我跟媽媽說要留在巴爾的摩，因為我熱愛羅伯特·C中心、熱愛體育，也參加了很多不同的活動。我跟她保證自己永遠不會惹麻煩，她沒有質疑我，也沒有說服我去紐約，她只有把我抱進懷裡，然後說：「我們會克服這個問題的。」

媽媽一直同時在做一、兩份工作，但我從來不清楚她在巴爾的摩做的是什麼工作，我只知道她總是早出晚歸。我知道她在巴爾的摩大學工作，我一直以為她在那裡擔任行政人員、幫忙處理一些財務事務，或是在校長辦公室之類的地方工作。某天，在我又過完了一天混亂的校園生活後，我決定去她工作的地方給她一個驚喜。我搭了好幾班公車和輕軌行經尤托街，然後走進巴爾的摩大學的校園。在我去了好幾棟大樓都沒看到媽媽的人影後，我看到身穿藍色制服的她，推著垃圾桶走到一間又一間的教室和辦公室，我才知道原來媽媽是名清潔工。她從來沒有對我用謊言隱瞞自己的職業，只是我從來沒有問過。而現在我親眼看到了她為我和家人們做出的犧牲，我當下便決定我要更努力。我會做出更多的犧牲，就像我媽媽也為我做了犧牲一樣。如果她能低頭去做一個對她來說太大材小用的工作來養活我，那我也可以在我所做的每一件事情上付出十倍的努力。我的第一步，就是要順利度過我在道格拉斯的這段時間。

晚上的道格拉斯高中，就像是電影《鐵腕校長》（Lean on Me）裡，摩根・費里曼（Morgan Freeman）扮演的校長喬・克拉克（Joe Clark）揮舞著球棒、逼大家改過向善之前的情況。道格拉斯高中沒有喬・克拉克，從翻倒的書桌、散落一地的紙張與破損的筆記本就能輕易地看出這一點。我會坐著觀察隨意進出教室、挑起衝突、四處在學校裡開趴的學生們，我沒有加入過他們，只有觀察他們，並耐心地等待著從未指派過的功課。

學生們在教室進進出出時，老師會喃喃地說著：「又一個失落的靈魂，又一個失敗的案例。」他似乎覺得我們都不會有什麼出息，而且也樂見這個現象。儘管我知道我遲到和早退也沒關係，但我還是遵守著規則。看到我媽媽工作的情形，激發了我內心中的某種動力。我會通過這一切的考驗，我會上大學的。

時間一周接一周地過去，我什麼都沒學到。過了一段時間，我交到一些朋友，融入了班級的氛圍。我們會一起聊天、歡笑、開彼此玩笑和玩骰子。只要我們不會打擾到別人，老師就不會管我們。他領薪水只做兩件事，就是上課露面和下課閃人，也把這兩件事執行得相當徹底。在弗雷德里克・道格拉斯高中的暑期課程很快就結束了，我獲得了我需要的所有學分，儘管陶森天主教高中毫無理由地為我設下了那麼多障礙，我還是跨越了這些難關。

第二十四章　橡樹丘高中

好消息是我拿到了我的成績單，壞消息是那個夏天我錯過了所有的訓練營。包括耐吉和愛迪達的，我收到了各種訓練營的邀約，但都無法參加。這令很多人十分失望，因為我是巴爾的摩整個都會區、整座城市和一整年最優秀的球員。

肯尼跟我說我不妨去鄧巴高中度過我的最後一個球季，我覺得這是個好主意。上了高中後，我一直想和他聯手，這是我們震撼世界的大好機會。我和我最好的朋友，能夠秀給大家看我們有多厲害。

肯尼和我開始計劃並長談我們將如何屠殺這座城市中的所有對手。我已經準備好了，我有六呎七吋，能控球、能跳，而且沒有人守得住我。我知道我能再次成為年度最佳球員，但雪城大學的其中一位助教破壞了我們的計畫。

「卡梅羅，你的知名度太高了，去市區的學校打球不太好，」他在電話中表示，「巴爾的摩太危險，我們必須讓你離開這座城市。」

「誰會有危險？」我回應，「聽好，老兄，我在家，我好得很。」

「卡梅羅，你即將率領一支全美排行前幾名的大學球隊，你會進NBA，你會在樂透區被選上，我們不能讓你留在巴爾的摩。」

我所在的城市在那一年發生了兩百五十六起立案的謀殺事件。教練不斷地說我會成為一個靶子，人們知道我將會獲得成功，他們會想分一杯羹。我覺得我有被保護著，也了解這座城市，知道該怎麼行動。我知道我身邊的人們都愛我，但我想這是他們對自己的投資所做的保險，所以我聽取了他們的意見。每名運動員在人生的某個時間點會了解到一切都是在商言商。愛和友情很重要，但運動說到底就是一門生意。雪城大學把一切寄托在我身上，因為我是他們最重要的新生、一名還在高中打球就已經被認證將在更高層級的舞台成為即戰力的球員。把這個獎學金名額用在我身上，代表他們不能再關注其他也有可能來這所學校就讀的優秀球員。我接受了他們提供的這份獎學金，所以我必須做好上場以及表現出色的準備，這就是我在這筆交易中需要履行的責任。

「我們希望你去橡樹丘高中。」教練說。

「幹，不要，我才不要去橡樹丘，你瘋了嗎？」我說完後掛斷了電話。

我想留在巴爾的摩的家。我想去鄧巴高中。我對橡樹丘高中沒興趣。教練又打來了很多次，告訴我媽媽，如果我想要為自己打出一片天，就要離開這座城市。而我告訴她，這些人不了解我，也不了解我經歷過什麼。我經歷了這麼多事情，像是和迪克一起生活還能活下來、走過阿吉被謀殺的傷痛、努力成為一名頂尖的球員而且從來沒有惹上大麻煩，也還是有了今天的成果，在巴爾的摩多待一年，是能糟糕到哪去？

「這可能是我唯一一個能和最好的朋友同隊的機會了！」我告訴她。

和從來沒有長時間離開家的每個人一樣，我的第一個反應是「橡樹丘太遠了！」我才剛因為上夜校而錯過了整個夏天能和朋友一起度過的時間，現在你要把我送到一所遠在維吉尼亞州的學校？該死，別想。大家都可以想回家就回家，可以待在自己的街區、去運動中心打球、參加訓練營等等。不過，我講這麼多，效果可能跟自言自語差不多。我媽只聽到這是一所安全、提供優質教育、給有錢人家小孩上的寄宿學校，就已經被說服了。我們從來沒有認真地討論過街頭暴力的問題，或是我的哥哥們不斷地捲入司法問題的情形。我們也沒有討論過母親心中懷有著什麼樣的恐懼。但如果我們能夠進行這類的對話，我確定她會敞開心扉，說出許多黑人母親對自家的黑人兒子所抱持的擔憂。

「你去吧，」我媽跟我說，「我當然會想你，但這麼做對你最好。」

那年夏天，在我上完暑期課程後，還打了幾個聯賽，所以並不是全都錯過了。肯尼和我都是巴爾的摩選拔隊的一員，我們要去拉斯維加斯，所以我不必太過費心於思考橡樹丘和要離家遠赴那所學校的現實。我們可以好好打球並享受當下。他們一開始只想要我去，但我說：「兄弟，如果肯尼不能去、不能加入這支球隊，我是不會去的！」於是巴爾的摩選拔隊也準備了他的機票和各種必需品。有趣的是，他們不知道肯尼其實很厲害，而我們在打球打了一整天後，晚上會悄悄地溜出飯店房間，在拉斯維加斯大道上晃來晃去。剛好阿貝也在拉斯維加斯看比賽、為我們加油，而某天晚上，我們在偷溜出來時被他逮到了。

「回你們的房間去，你們明天還有比賽！」他邊喊邊把我們送回飯店。隔天，他笑著提到了這件事，因為他知道我們只是兩個從巴爾的摩來、想要找點樂子的孩子。在這趟拉斯維加斯之旅，我提升了我的聲望，變得更廣為人知。我與一個被預期為賽事最強球員、名叫傑基・巴特勒（Jackie Butler）的小子交手，巴特勒展現出各種技術，對我們球隊造成了極大的威脅。某次上場，場邊的阿貝在眾目睽睽之下對我喊著：「老弟，你他媽在搞什麼鬼？給我振作一點！」然後，我連續攻下了大概二十分。克拉克・法蘭西斯（Clark Francis），一個專門在做各種體育排名的人，開始對我讚譽有加。他跟阿貝和我們球隊的其他人說，我現在

是排名第一的球員。＊

肯尼和我都在球場上大放異彩，我率領球隊打進愛迪達 Big Time 錦標賽的最後四強，平均攻下二十五點二分。那年夏天，我還參加了美國青年籃球發展嘉年華（USA Basketball Youth Development Festival），幫助東區隊贏得銀牌。我就是在那時認識了勒布朗．詹姆斯。來自阿克倫（Akron）的詹姆斯是個超級有天賦、非常成熟的小夥子，大家都說他是喬丹接班人。他和我是唯二平均攻下二十四分、投籃命中率達到百分之六十六的球員，我們主宰了這場錦標賽。他很期待看我打球，就像我也很期待能更了解他、看看他的球技。我們一起度過了一段快樂的打球時光，我感覺自己就像已經認識了勒布朗一輩子，一段生死不渝、永恆不滅的情誼就此展開。

我在那年夏天回到巴爾的摩的感覺，就像是自己成為了一號人物。每個人都聽說了我的表現，我的名字成了個響叮噹的名字。我有了不容小覷的影響力，銳步（Reebok）甚至送來了一百雙球鞋給阿貝。我完全沒有動這些鞋，第一個原因是那麼做可能會讓我因為收受禮

＊ 譯註：克拉克．法蘭西斯曾在一九八三至二〇二〇年間在介紹美國高中籃球和全美年輕球員球探報告的知名刊物《Hoop Scoop》擔任編輯和出版人。

物而失去入學的資格，第二個原因是橡樹丘高中是喬丹牌贊助的學校，代表在這所學校不能穿銳步的球鞋。我們在學校訓練或比賽時只能穿Air Jordan或喬丹代言的球鞋。而阿貝則發揮了阿貝的本色，把這些球鞋分送給了社區中每個需要球鞋的孩子，這感覺更好。這種善良的舉動教會了我影響力和金錢的力量。我還記得我得努力擦車窗和賣糖果才買得起新球鞋的過往，現在我可以把一百雙新球鞋送到真的需要它們的孩子們手中。有錢人可以用窮人作夢都想不到的方式改變一切。我告訴自己，如果我有錢，就能改變許多事。然而，送出這些免費球鞋所帶來的暢快並沒有維持太久，我一回到家，就該準備啟程去橡樹丘了。

一切都被安排好了。我媽媽已經幫我打點好了去橡樹丘的每件事。我真的沒有選擇的餘地。在我應該要出發去寄宿學校的那天，我躲在肯尼家。沒有人知道我在哪。大家都在找我，但他們永遠找不到我。我知道肯尼不會出賣我，我只需要躲得夠久，然後找出如何不用去那所學校的方法就好了。就跟我處理大多數問題的方法一樣，我找上伍迪，請他幫忙。

「唷，他們想把我送到橡樹丘，老哥，我不想去上那所學校。」有一天我在街上跟他說了這件事，他回過頭來看著我的樣子，彷彿覺得我瘋了，或看到我長出三顆頭。

「滾出他媽的巴爾的摩！」他跟我說，「走！別去上市區的學校，滾出這裡，小鬼！離開這裡。我們會待在這裡，你不會錯過任何消息的！」

「但是——」

「巴爾的摩沒辦法給你任何東西，梅羅，去吧！」

伍迪不是唯一一個這麼說的人。阿貝也一直在說同一件事：這裡什麼都沒辦法給我，我在這裡只會惹上麻煩而已。但他們怎麼能說這種話？如果我沒有待在巴爾的摩，就不會認識他們了。他們比我年長，也從來沒有離開過，為什麼還一心想要我離開？我想待在這裡，我想和他們待在一起，我把他們當成家人，他們卻把我推開，好像我是個沒辦法照顧自己的人。

隔天，阿貝把車開來我家這條街上，看到我正要從肯尼家回家後說：「唷，梅羅，我希望你上車跟我去個地方，認真的，收拾一下行李，我們要出遠門幾天。」

「好啊，沒問題，」我說，「給我五分鐘。」

我把我的包包丟進後車廂，然後就開車上路了。我們把車開上首都環線，把車開過樹林、小路與下交流道的出口。我睡著了，醒來時，車還沒有停。我完全不知道我們要去哪裡，以前阿貝常常帶我去參加各個地方的籃球賽，有時候我們只是去當觀眾，有時候他會在紀錄台為我準備一件球衣，讓我可以上場展現球技。

當我醒來時，我們已經到了橡樹丘高中的校園。我還是不知道發生了什麼事，甚至不知道我在哪裡。

「唷，你明天要開始上另一個暑期課程了，不過是日間部，」阿貝說，「休息一下，明天是重要的日子。」

我下車了，此時大概是凌晨兩點，外面一片漆黑，伸手不見五指，這是我第一次真的覺得自己來到了鄉下。

我在第一個夜晚根本沒辦法好好睡覺，這裡的感覺實在太陌生了。我不知道我能不能適應這所學校，這裡的每個學生都認識彼此，而且這裡的孩子們都怪怪的。他們來自不同類型的家庭和我從來沒有聽說過的地方。到了晚上，他們還會去推牛，這簡直就是電影裡才會有的劇情。*

我在開始認識籃球隊的人之後，才真的感覺比較自在。教練跟我們介紹了這片土地上的大小事，他的太太則負責照顧所有的籃球員，做像是雞肉、甘藍菜、番薯、通心粉、起司和奶油餅乾之類的家常菜給我們吃。但這樣還不夠，食物很好吃，但我和這裡的人們沒有任何連結。在橡樹丘待了兩星期後，我就打電話跟我媽說：「唷，我要回家，拜託妳來接我。」

那麼，讓我來介紹一下橡樹丘高中吧。這裡有分女生區和男生區，你最好不要越界。籃球隊有專用的宿舍和一名宿舍管理員，他也是我們的助理教練。在人們想到橡樹丘的名號時，就會想到籃球，有許多厲害的球員從這所學校畢業或曾在某個時期就讀於此，但這裡其實就只是一所高級的寄宿學校。我常看到家長們把孩子帶來這裡後，便迅速把行李扔到他們身邊，然後匆匆離去，連說個再見、擁抱一下或其他的表示都沒有。這些有錢的家長們甚至連手機都不肯放下。我知道這所學校允許我入學的原因，和我之所以能去陶森天主教高中以及日後能去雪城大學的原因一樣，就是：我會打籃球。大多數的白人小孩或是從其他國家來這裡的孩子，都是有錢人。他們有個出於某種原因希望孩子來這所寄宿學校上學的家長。像我這樣的黑人小孩，大多數都是在某個地方脫穎而出的頂尖籃球選手。如果有個人是從德州（Texas）來的，那他八成就是德州最強的球員。要是從紐約來的，那麼他也可能是稱霸紐約的選手，而這樣的情形當然也適用於來自巴爾的摩的我身上。我們都充滿了企圖心，大多數人都已經簽下了加入NCAA豪門球隊的入學意向書。我們都因為能來到像橡樹丘高中這樣的學校充滿了信心，而我們也都一樣很想家。

球隊宿舍是個不錯的地方，你的前腳剛進，就會看到宿舍管理員的房間，那是我們禁止

---

* 譯註：指偷偷靠近牛旁邊，然後把牛推倒，是美國都市人覺得鄉下人可能會因為太無聊而捉弄牛的刻板印象。但要推倒一頭牛需要很大的力量，所以也被認為是都市傳說。

進入的區域。經過這裡後，就能來到客廳和用餐區，這裡有一台電視和一台電話，每個人都在搶著用，還有一台微波爐、一張桌球桌和幾個座位。

我們的房間都在樓上，也都有同住的室友，我的室友是個很酷的傢伙，名叫查德・摩爾（Chadd Moore），後來去了辛辛那提大學（Cincinnati）。我馬上就和他變熟了，因為我們有著相似的背景。他也出身於阿拉巴馬州（Alabama）的公共住宅區，我之前就聽說過他，他也聽說過我。他跟我說了阿拉巴馬州的風土民情，也跟我說他是怎麼來到橡樹丘的。我也一樣，跟他說了我在雷德胡克區、搬去巴爾的摩以及當地的籃球圈是怎麼運作的事。

在我們習慣了校園生活之後，查德和我開始注意到比我們早一年來到這裡的球員們的房間長什麼樣子。他們知道要怎麼布置自己的房間，我們準備學他們，也讓我們的房間變得更舒適、更有趣、更好住。我們調整了傢俱的位置，把籃球和饒舌的海報貼滿整面牆壁。我們很快就變得大受歡迎。其他住在宿舍的人把我們的房間當成開派對的地方，然而，有些人抱怨我們音樂開太大聲，所以後來他們不讓我們住在一起了。我有了個更好的新房間，因為我能偷偷帶進一台電視。在橡樹丘高中不允許學生持有私人手機或電視，但我有一台，棒呆了，因為我就不用再下樓搶電視看。就跟我在陶森天主教高中和道格拉斯夜校時一樣，我總是會做好我該做的事。

來到橡樹丘高中要知道一件事，那就是每個人未來都是大學豪門球隊的一員，我們都有兩把刷子。所以我必須秉持著不忘持續進步的心態、覺得我更厲害的信心，準備證明自己的價值。來這裡慢慢了解每個人本來應該是個很有趣的過程，但我是排名第一的球員，而每個人都瞄準著排名第一的位置，所以我得讓他們知道我為什麼能當老大。因為有人覺得我不夠強壯，所以我必須展示我的力量，也展示我的控球技術、得分能力，並立刻讓他們知道我的水準更高。

籃球的部分比較好處理，但整體而言，我第一個月過得非常辛苦。我曾經打電話跟媽媽說：「唷，老媽，拜託來接我回家，或者給我一點錢，讓我自己搭巴士回家，拜託，我受不了了，我不想要過這種生活，要早起、要整理床鋪、他們會大力開門把你叫醒，而且我幾乎沒時間可以打電話。」

她一開始一直安撫我，最後，她開始告訴我：「拜託不要再打電話來了，我不會去接你的，不要再打了，你要自己搞定。」她有一陣子甚至還拒接我的電話。所以我只能繼續每天起床、穿上校方要求的卡其褲和白色Polo衫制服，並做好我該做的事。橡樹丘高中有個很酷的地方是它是喬丹牌贊助的學校，所以我們有球鞋和球衣可穿，基本上全都是麥可．喬丹旗下的產品。

我們的籃球季能夠分散我不少注意力，一旦我們開始比賽，我就沒那麼想家了，儘管巴爾的摩當地正在經歷一段運動復興的時期，巴爾的摩烏鴉隊在前一年剛贏得超級盃冠軍，哈辛．拉赫曼（Hasim Rahman）在擊敗雷諾克斯．路易斯（Lennox Lewis）後成為了重量級的世界冠軍。哈辛和伍迪很熟，他們常常一起在社區閒逛，他甚至在蒙道明購物中心（Mondawmin Mall）開了一間名叫Dreamz的服飾店，還常常讓我們去店裡逛逛、送我們免費的運動服。我的每一個朋友都在家鄉，沉浸在哈辛帶給社區的喜悅之中，我也很想加入他們。然而，雪城大學是個重要的目標，我知道我需要打球。我總有一天會回家和朋友相聚的，但現在，是我該莫忘初衷、繼續讓自己變強的時候。

每天，我們都要在早上六點起床把房間整理好後去吃早餐。他們通常會提供薯餅配雞蛋、香腸、貝果、咖啡和柳橙汁等餐點。我猜這裡的規則是任何事都要回歸基本面，也因此這裡的食物雖然好吃，但你很快就會忘記你吃過什麼。午餐和晚餐都一樣是無聊的組合，如果你以為這所學校有這麼多有錢人的小孩，應該會提供比利時鬆餅、法式吐司或是華麗的巴馬乾酪雞肉和異國風味的沙拉，那你就錯了。橡樹丘高中的食物讓我們家路邊雜貨店賣的炸雞和炸魚都看起來更好吃了。更糟的是，就算你不想吃，他們還是強迫你一定要在三餐的用餐時間出現在餐廳。

要好好上課沒那麼難，絕對比在道格拉斯還要簡單，那裡就是個笑話，這裡的情況可能更接近陶森天主教高中。我有幾個很酷的老師，他們特別關心運動員，而我從來沒有刻意要求他們關心我們。這裡也有一些沒有那麼關心籃球選手的老師，在每間學校都有這種老師，我現在也已經很熟悉這種狀況。你只要學會準時上課、做好作業而且不要影響到他們就好了。運動選手真的沒有餘裕享受到花好幾個小時討論爭議性觀點、沉浸於閱讀更多的書本之中這類堪稱浪漫的受教體驗，我們必須參加訓練，也必須上場比賽，學校希望我們能隨時做好在球場或其他的競技場上全力出擊的準備，這是我們在這門生意中需要履行的義務。一旦運動選手明白，上課只是他們在為學校執行這項任務時衍生出來的支線任務，他們就更能調整好自己對於課程與校園生活的期待。

橡樹丘高中有個好處，就是他們強迫你待在校園裡。這是一所貨真價實的寄宿學校，你哪裡都不能去。再加上，大多數像是橡樹丘高中的寄宿學校，四周根本什麼都沒有，或至少對都市來的孩子來說沒什麼吸引力的東西。所以打籃球成了你唯一可做的工作，然後就會打得更好。至少，我就是這麼變強的。

第二十五章　夏洛特

一開始，他們完全不讓我們離開校園，只要一踩線，你就會像捅到馬蜂窩、惹禍上身。然而在球季開始後，他們就沒這麼嚴格了。

規則從完全不能離開校園一步，變成只要你的雙親來接你就可以和他們離開，或是如果你有個朋友住在一個小時內就可以到達的地方，你就可以和他出去。只要你能準時回來，你就不會有事。我有個隊友是北卡州夏洛特人，名叫賈斯汀．葛雷（Justin Gray），是個投籃手感柔順的後衛，得分對他來說輕輕鬆鬆。他常常在週末回家，所以我開始和他一起外出。

我每個週末都在夏洛特閒逛，在不同的社區中進進出出，結交新朋友，並逐漸了解這座城鎮。這對我來說是件好事，我每天都可以打電話給伍迪，讓他知道我過得怎麼樣。他很高興我離開了巴爾的摩並拓展了我的視野，因為他覺得在巴爾的摩這座城市有太多麻煩了。

他甚至還寄給我一點錢，讓我去夏洛特的時候不會口袋空空。「玩開心點，好好享受吧，梅羅！」他常這麼說。

待在夏洛特讓我發現南方和東海岸有多大的不同，某種程度上，這裡對我而言蒙上了一層假象，並不是指人們虛偽，而是指他們做事的方式。舉例來說，你可能會看到一群人輕鬆地待在一棟房子裡，讓人以為他們只不過是來探望奶奶或其他人，但沒想到這裡其實是專搞毒品交易的場所。在巴爾的摩，這種地下經濟活動通常發生在小巷或是住宅區的走廊。在南方，你可能會在一棟看似溫馨的獨棟房屋內看到販賣毒品和槍枝的人們。看到這種現象讓我很困惑，因為我不知道自己可能在哪裡遇到麻煩。想要在一座高犯罪率的城市中生存下來，有一件事一定要做到，就是隨時隨地知道哪裡可能會有麻煩。幸運的是，我有賈斯汀幫我注意。

同時，我在西巴爾的摩的好友迪・布朗（Dee Brown）也在北卡大夏洛特分校（UNC Charlotte）成為了一名大球星。他認識很多人，也讓我不僅能接觸到高中球員，還能接觸到大學球員，並讓我看到受人敬重的大學運動員過著怎麼樣的生活。迪甚至帶我參加了強森・C・史密斯大學（Johnson C. Smith University）的校慶，真是太讚了，希望雪城大學也能像這所學校一樣有趣。我盡情地在強森・C・史密斯大學玩耍，整個週末都在校園裡晃來晃去，參加各種派對，使好多人都以為我也是當地人。我們在週五到週六晚上參與各式各樣的活動，而每個星期天，則都在確定我們能準時回到橡樹丘。

我在橡樹丘的教練史蒂夫．史密斯（Steve Smith）是個很棒的人，他知道我們承受著多少壓力，所以也問我們有什麼是他可以做的、能幫助我們在這裡過得輕鬆一點。與教練和隊友們的互動，讓我在學校的時間過得有如白駒過隙。史密斯教練的辦公室成為了我們的聚集地，有好幾天，我們可以只為了能待在教練辦公室看我們最欣賞的球員以前參加比賽的影片和錄影帶而放棄午餐。他會跟我們說明場上的各種狀況，並指出球員的弱點與優點，幫助我們能夠更深入地了解自己的球風。

這些對話和建立起來的情感連結，在球場上轉化為實際的表現，我在橡樹丘的高中生涯打出了幾場生涯最出色的比賽。我們在那一年稱霸了好幾場錦標賽，像是與來自加州聖塔安娜（Santa Ana, California）的梅特．戴高中（Mater Dei High School）交手的萊斯．施瓦布邀請賽（Les Schwab Invitational）與肯塔基州的藍草錦標賽（Bluegrass tournament），我在這兩個錦標賽中都拿下了MVP。在參加這幾場錦標賽前，有些記者、球迷，也可能有些教練，還是對我的天賦有所質疑，好奇我是不是真的有那麼優秀。這是人們第一次在全美等級的賽事中目睹我的表現，我和頂尖的球員較量，並在規模最大的錦標賽中勝出。我讓球隊為我驕傲，再次向全世界證明了自己，也終於令人們開始相信我的能耐。我們開啟了一趟全美之旅，痛扁每個對手，然後回到了巴爾的摩。我們在這裡要交手的球隊是……你猜對了，陶森天主教高中。

現在，我回到了巴爾的摩的家鄉，這對我來說是個重要的時刻，有點像是在外地一舉成名、榮歸故里後，要參加一場歡迎我回家的派對。而我必須和這所帶給了我這麼多困擾的學校對決。大家都來現場看這場比賽——伍迪、阿貝、肯尼、杜克，還有最重要的、從我離鄉後再也沒機會看我打球的媽媽。這場比賽在馬里蘭大學的柯爾體育館（Cole Field House）進行，他們有好幾個號稱能與我相提並論的球員。我覺得自己有必要在和這支球隊碰頭時給他們好看，這支球隊必須為他們對我所做的事付出代價，所以我們不只擊敗了他們，更痛宰他們一頓。我對那些在比賽中和我對位的傢伙們有點不好意思，我不得不狠狠地修理他們，但再強調一次，他們該怪罪的人是他們不知變通的副校長。我本以為擊敗他們能夠帶給我某種一切都圓滿了的滿足感，但我根本沒有任何感覺，我已經超脫在他們之上。這支球隊和這所學校的行政人員們，對我來說都已經渺小得無關緊要，我已經在朝著更大的格局與更美好的事物邁進。

接著，我有了個和在聖文森—聖瑪莉高中（St. Vincent-St. Mary）讀高三的勒布朗對決的機會。那時的詹姆斯已被許多人認定是全國首屈一指的球員，而被冠上這個頭銜的人通常不是他就是我。有傳言指出他將從高中直接跳級進入NBA，而就我來看，他的確已經有了NBA球員的身材，所以這不是什麼讓人吃驚的事。無論你從什麼角度來討論，全美第一的球員不是卡梅羅．安東尼就是勒布朗．詹姆斯，而現在我們將要正面交鋒。我們的比賽剛好和在費城舉行的明星賽周末在相同的時間點進行，因為我們的比賽地點在紐澤西州翠登（Trenton, New Jersey），從費城開車過去大概只要三十分鐘，所以大家都笑稱我們的比賽也是全明星周末的一部分。這場比賽將在《ESPN》上轉播，也是我第一次在全國都能收看的電視台上亮相。

在我來這所學校的一年前，勒布朗就曾和橡樹丘高中交手過。他打得不錯，但輸掉了比賽。當時的他還只是個高二球員，現在他升上了高三，而且渴望著復仇。我很期待再次與他對抗，像我們這樣年輕且受歡迎的兩名球員正面對決，可不是件常有的事。

全巴爾的摩的人湧進了體育館，還有許多名人也來看了這場比賽，真是令人不敢相信。就連文斯．卡特（Vince Carter）和科比．布萊恩（Kobe Bryant）也來了。比賽前，勒布朗去了科比下榻的某個旅館和他見面，科比還給他一雙鞋。勒布朗的球隊是由愛迪達贊助，而科比當時則是愛迪達的代言人。勒布朗當時就穿著那雙球鞋上場，而這雙鞋是科比贈送的消息，令大家為之瘋狂。這場比賽實在是太精彩了，詹姆斯攻下三十六分，我則得到三十四分並抓下十一籃板，率領球隊以七十二比六十六贏得勝利。

對我來說這是個感覺有如夢境般的瘋狂時刻，代表橡樹丘高中出戰聖文森高中，而全世界都在看我們打球，這是我做夢都沒想過的情景。我們常常在看《ESPN》，但我從來沒想過自己會成為電視台的熱門話題，我在聽到人們討論這場比賽時，討論的都是勒布朗與梅羅的對決。我在球場上總是努力不懈，也覺得自己是個很棒的球員，但這實在是個太難以想像的舞台了。我已經到達了更高的境界，而如果這已經是我此前未曾想像過的巔峰，實在不敢想像接下來還有什麼驚喜在等著我？阿吉是否早已預料到我的未來會有這一刻？在這些時刻，我總是會想起還是個孩子時常常在雷德胡克區跑來跑去或是坐在默特爾大道上的過往。那裡是我的避風港，是我的家，那裡的人們知道真正的我是個怎麼樣的人，是絕無僅有的地方。這些地方讓我保持謙遜，提醒我來自何方，並激勵我不要讓這一切沖昏了我的腦袋。

第二十六章　勢不可當

在戰勝聖文森高中和勒布朗後，我們球隊的信心提升到了不可思議的高度，我們正在朝著稱霸全國的目標前進。回到橡樹丘後，我們以五十或六十分左右的差距擊敗每一個對手，先是在休士頓舉辦的耐吉展演賽（Nike Showcase）中連戰皆捷，接著又在耐吉全國學院錦標賽（Nike Academy National）對陣全美排行第一、來自賓州、由日後進入NBA的崔佛·亞瑞查（Trevor Ariza）領軍的西切斯特高中（West Chester）。對我們來說，這是最重要的一場比賽，甚至比跟勒布朗交手還重要，因為他們是排行第一的球隊。如果我們擊敗他們，第一名的位置就是我們的。你猜對了，我們打敗了他們，我們那一年除了在加州對陣梅特·戴高中的比賽之外，基本上不知道輸的滋味。

我們都心知肚明，去參加對上梅特·戴的那場比賽是個糟糕的主意。橡樹丘高中通常不會跑那麼遠、跑到美國西岸去比賽，至少在我那個時候不會。我們坐飛機過去，不巧的是我們這一趟不只坐了很久、一路上也都在搖搖晃晃，讓我們在下飛機時都覺得很累。這也是我第一次來洛杉磯，然而我不能太興奮，因為我必須集中精力在打籃球上。

我們走進體育館，身體似乎還承受著飛機上的顛簸所帶來的影響。剛跳完球不久，我們便發現我們陷入了一場激烈的拉鋸戰。一旦他們握有了七、八分左右的領先，便開始把球拿在手裡，玩一些消極進攻的小花招。我這輩子從來沒看過有一支球隊這麼搞，搞得好像我們不是在打籃球，而是在傳接球——而他們的計畫奏效了，我們被他們搞得筋疲力盡，他們也以些微的差距贏得勝利。吃下這場敗仗的感覺，直到現在都是我經歷過最痛苦的感受之一。在今年稍早前的一場錦標賽中，我們狠狠地擊敗過這支球隊並贏得冠軍，我還拿到了錦標賽MVP，因此輸掉這場比賽對我們來說完全就是一場意外。而就在我以為事情已經很糟的時候，幾天後，傳來了更糟的消息。

「唷，伍迪被殺了。」電話的另一端傳來這句話。我站在那裡，整個人呆若木雞，只能緊緊地握住話筒。我甚至不記得自己在跟誰講電話。我的胸口像是破了一個大洞，然後被恐懼填滿。我當時遠在維吉尼亞州威爾遜口（Mouth of Wilson）的橡樹丘，這不是真的，我不停地對自己這麼說。

我接到這通電話時已經很晚了，隔天，我醒來後看到「在拳擊手的車內發現遭到殺害的兩人」這則新聞標題。大手伍迪被殺了。奧利佛・里昂・麥卡佛蒂（Oliver Leon McCafferty），這是伍迪的官方姓名，和一名熟識的女性，麗莎・雷妮・布朗（Lisa Renee Brown），頭部中彈、死於哈辛的車內，兩人都是二十八歲。看到這則新聞，讓我噁心想吐。伍迪的死讓我的內心感到一陣空虛，就像阿吉離世後帶給我的那種空虛。空虛、黑暗與不安。我打電話給家裡的每個人，發了瘋般地打電話，祈禱著報紙誤報、這件事其實並不是真的。但這是真的，大家都不知道該怎麼回答我。哈辛甚至對媒體大發雷霆，因為比起關心他的至交遭到謀殺的事實，記者們更想跟他談他的車。伍迪被槍殺的消息讓我難以承受，他是把不拿槍就要不了狠的人視為小丑的那種人，他會以打架向你挑戰。他是個真正的鬥士，拳頭很厲害，然而那又如何，他最終還是死在了槍下。伍迪不僅是支持著我的人之一，更是我的大哥。他遭到殺害令我感到心如刀割，這種感覺就像是我失去了阿吉，也在某種程度上與我搬來巴爾的摩時和賈斯與狼哥分離時的感覺類似。最終，我不得不明白，我的人生中有一部分就是在不斷地與人們別離。

我去橡樹丘之前每天都和伍迪出去玩，我們一同度過的歡樂時光，是我不想離家的主要原因之一。很多場比賽，我打完後第一個交流的對象就是他。我能知道社區中發生了什麼事，主要都是因為有他的關係。他常常鼓勵我遠離愚蠢的麻煩，像是那些想要加入幫派的人或是整天坐著發呆且沒有夢想、目標或上進心的人。除了阿貝之外，伍迪是最關心我有沒有專注在籃球上的人。「因為籃球可以帶你離開這裡，能讓你得到你在人生中應得的一切。」他常說。

他的沙啞嗓音一遍又一遍地在我腦海中迴盪，像是「我們快點去大道超市（Avenue Market）買個炸雞套餐吧！」或「唷，老弟，你最好不要像那邊的傢伙一樣，操他媽的，他是個小丑！也別和那小子一起混，他不是個東西！」在我們開車途中，他會一邊指著窗外的人們一邊這麼說著。

「不，我們不會做這種事。」如果我想出了個餿主意，他就會這麼說。他常常在開車時回頭對我說：「唷，你是有點能耐的，明白嗎？儘管那邊的那個人是我朋友、是我們的朋友，但你可別學他，別像他一樣搞砸了機會。一旦你有機會離開這裡，就離開得越遠越好。」

每當伍迪叫我要離這座城市裡的某個人遠一點，我就會聽他的話。而且這些他提醒我注意的人，最終都會大難臨頭。伍迪是我的指引者，也是我的守護者。

如果不是伍迪逼我留在橡樹丘，我可能早就逃了。我可能會直接回到默特爾大道，可能會和他一起閒逛。但我不能，因為在他的夢想之中，我能成就一番更大的事業。在他被殺前一天，我們還聊過天。伍迪正準備和哈辛一起去拉斯維加斯，你知道的，我也想去。「唷，拜託也寄一張機票給我啦，我已經厭倦這所學校了，我需要休息，老哥，我想和你們一起去拉斯維加斯！」但伍迪就是伍迪，他是不會讓我過去的，而現在我再也看不到他了。我從未直面自己內心的憂鬱情緒，它因迪克而生，接下來因阿吉之死而加深。在那時的我就像是個幻術師，而我只會一招，就是讓自己表面上看起來沒事，隱藏所有的傷痛和恐懼。我的內心支離破碎，外人眼中的我看似站在世界的頂端，但其實我覺得自己是在別無選擇的狀況下走上這條路的。人們習慣了我的微笑，他們或許無法想像我正身處於地獄之中，而我也不想讓任何人失望。儘管很沉重，我依然保持著微笑，在微笑背後，我背負著所有已逝朋友們帶給我的重量。

在我高四那年，我平均攻下二十一點七分、八點一籃板與四助攻。我獲選為《今日美國》（USA Today）的全美第一隊與《美國大觀》（Parade）的全美第一隊。我獲選參加喬丹牌經典賽（Jordan Brand Classic），並拿下全場最高的二十七分，而在我也獲選參加的二〇〇二年的麥當勞高中全明星賽（McDonald's All American Game），我不僅拿下十九分，還贏得灌籃大賽的冠軍。表現與努力的結合，令《Hoop Scoop》將我排名為二〇〇二年全國第一的高四生。

經歷了這麼多的死亡、在陶森天主教高中的問題以及在橡樹丘高中的孤獨，我終於成功了。我保持著微笑。我拿到ACT的成績，並完成了高中學業。我沒有被當任何一科，讀完高中並知道我要上大學的感覺有夠讚。

但來到這所學校的我不只是一個幸運入選球隊的球員，我是要來主導比賽的。如果阿吉還活著，他會跟我說：「小羅，這是你應得的！」他會壓低自己的洋基棒球帽，抱著我的肩膀，告訴我不能白白浪費這個機會。他會告訴我不要放鬆、要繼續給自己壓力，而我會聽他的話。我們會成為一個籃球世家，就像是史蒂芬・馬布瑞（Stephon Marbury）和他都在大學打籃球的兄弟，還有他的表弟塞巴斯汀・泰菲爾（Sebastian Telfair），後來也打進了NBA。阿吉會打進NBA的，而我也會走上這條路。我們會買一棟大房子給我媽，而蜜雪兒、賈斯和狼哥也會有房子可住，還能給他們一份工作，以及他們想要的各種車子。說不定我們最後還能在同一支球隊一起打球，他當控衛，我則在鋒線，就如同以前的我們，這將會是個勢不可當的組合。然而他死了，留下了我，繼續承擔著朝夢想前進所須肩負的一切。

老實說，我當時壓根沒有想到NBA的事。我真的很想上大學，我媽也希望我上大學，這一直是她的一個遠大夢想。她把教育看得比什麼都重要。問題是，在我打出了一個出色的球季後，儘管我的身材還不像是個NBA球員，還是引來很多人慫恿我應該直接跳級挑戰職業聯盟。NBA有幾個跳過大學的傢伙表現得不錯，像是科比・布萊恩和凱文・賈奈特（Kevin Garnett），很多體育記者和幾位教練覺得我擁有那種天賦。

曾幫阿吉進入聖法蘭西斯學院的教練艾瑞克．史基特斯，開始越來越頻繁地出現在我身邊。雖然他本來就一直跟我有來往，但比起跟我來往，他對我的籃球生涯更有興趣。他常常打電話來，跟我說我們需要談談，他有些事情要跟我商量，這開始讓我覺得有點煩。我喜歡史基，他一向是個有趣的傢伙，也很會開玩笑，但我不知道為什麼他突然逼我逼得這麼緊。他甚至還要和我媽與阿貝一起來參加我的畢業典禮。史基開車載我媽和幾個家人一起來，阿貝則坐飛機飛來夏洛特，他一個也在當教練的老友從機場把他載來橡樹丘。阿貝計劃在我畢業典禮當天辦一場錦標賽，而我已經同意參賽，史基不知道這件事。他想要開車載我回巴爾的摩，這樣我們就可以進行他口中迫切需要的對話。他到底想圖些什麼？

史基最後還害我媽遲到了，不過還是剛好趕上，沒有錯過我走上台領取畢業證書的時刻，而她的笑容流露出的喜悅，讓我覺得一切都值得了，我真的為自己感到驕傲。想到我那些戲劇性的經歷，便總是令我覺得這一天好像永遠不會到來。伍迪的死，差點令我無法繼續站起來。他的話語和他的指引，陪我走過了最黑暗的時期。現在我終於走到了這一步，也會繼續帶著他的夢想前進。但最重要的是，我為自己能令媽媽為我感到驕傲而自豪，讓我完全忘記了沒辦法穿西裝的失望。

但其實也沒那麼失望，因為我根本就沒有西裝。我們在學校要穿制服，所以我那天就隨意穿了一件制服和一件橡樹丘高中的連帽衫去參加畢業典禮了。我有想像過自己在眾人面前穿著一件時髦的西裝華麗登場，但這對我來說太不切實際了，我也接受這個現實。我就穿著早上上課時穿著的舊制服——米色卡其褲、白色Polo衫和Air Jordan的球鞋，走上台，將捲成筒狀的證書握在手裡，我費盡千辛萬苦才拿到了它。

「我們出去吃點東西吧！」史基對著我們說，「我們來慶祝一下！」

「我們要去參加比賽，」阿貝突然打斷他，然後看著我媽，「可以嗎，瑪莉女士？」

我媽點點頭以示同意，她相信阿貝，他們之間早已建立了這種互相信任的關係，不只是因為他在我沒錢時給過我錢，也不只是因為他幫我買學校制服，更是因為他早在每個人知道卡梅羅是何方神聖前，就一直陪在我身邊。在他開始給我建議、幫助並告訴我在籃球圈該拿捏什麼分寸時，總是會先確定他徵得了我媽的同意，我媽也很感謝這一點。在我可能因為去夜店玩而幹下一些蠢事時，他會把我拉出來，讓我知道我沒有必要這麼急著長大，因為籃球將帶領我走向比社區裡一間酒吧的派對更遠大的舞台。我猜她知道我需要有人以一種女性無法做到的方式來對我說明街頭的生態，並讓我看看那些本來有機會成為優秀籃球選手、卻沉淪在巴爾的摩街頭中的人們有著怎麼樣的下場。阿貝不只認識他們，更在最近的距離看著他們從閃耀的明星變成墜落的流星。阿貝常常告訴我這個人或那個人曾經在這座城市中有多麼風光，但現在卻成為了失敗者，只因為他們不知道自己白白浪費了多好的機會。阿貝下定決心要讓我知道自己有著什麼樣的前景，有時，我覺得在某種程度上就像是阿吉藉由他的嘴把想說的話傳達給我。

史基在發現我沒有要出去吃飯時看起來很失落，就像是被最好的朋友拋下。阿貝覺得他的反應很好笑，在我們趕往機場搭飛機的一路上都在拿他開玩笑。我對史基的這些舉動有點驚訝，因為我有一段時間沒見到他了，但再次強調，史基是我的夥伴，我們之間的情誼一直都在。

我忙於四處奔波去參加各項錦標賽，比賽多到讓我和很多人失去了聯絡。但即使我這麼忙，也無法打斷一個不斷在我耳邊迴響的聲音：「梅羅，你應該直接去打ＮＢＡ！」即使是在我最忙的時候，也還是能聽到教練、其他球員和觀眾說我應該直接成為職業球員，史基也是其中之一。史基從來沒有給過我壓力，然而，我知道他覺得我可以在那個舞台上有所表現，也可能會說服我去試試看，而如果我真的這麼做了，他知道屆時我很可能需要他陪在我身邊。但我不會高中一畢業就直接去打ＮＢＡ，首先，我的身體還沒準備好，我怎麼強調這一點都不嫌多。ＮＢＡ的球員就像是古羅馬的劍鬥士，而你必須做好準備才能和他們對抗。第二，我有提過我媽希望我能上大學，這句話是認真的，可不只是說說而已。史基當時可能不知道，我也有能上大學的ACT成績。另外，我已經說好會去雪城大學了，而我不會打破我的承諾。

史基之後過得滿順利的，他後來當上了德拉瓦州大（Delaware State）的總教練，而且他的教練團成員全是巴爾的摩人，其中也包括了對我來說很重要的人、以前在羅伯特・C中心當過我的美式足球與籃球教練的吉姆・布萊克。所以，最終我們都有了個好去處。

那年夏天我沒能花太多時間留在家裡，因為我參加了各式各樣的錦標賽，但我有一件絕對要做的事，就是要阿貝帶我回到那間在皮克斯維爾的體育館，這樣我就可以和前天普大學球星馬克再度交手，他曾在我年紀較輕的時候把我修理了一頓。在離開這裡之前，必須讓這些傢伙瞧瞧我已經有點成長了。我做到了，在球場上投進一球又一球，在馬克的防守下，我打得隨心所欲，基本上就像是馬克在與我初次交手時也把我打得無計可施那樣。當然，他們對我試過包夾、三夾和四夾，每當我拿到球，他們全隊都會朝我撲來，但我還是怎麼投怎麼進、連連得分。他們真的拿我沒轍，這場比賽成了我的秀。在我要離開時，馬克攔住我，對我說：「唷，小子，你會成為別人的大麻煩。我已經迫不及待地想看你展現球技了。打得很棒！」

第二十七章　上大學

能離開橡樹丘並踏上前往雪城大學的路，讓我很開心。別誤會，我很感謝這段經歷帶給我的一切，也很感謝能在這所學校打球。但同時，我遠離了家鄉，也覺得自己沒能盡情地度過高中的最後一年。沒有升上高四的慶祝典禮、沒有歡送大會、沒有舞會之夜、沒有機會在這些場合中穿著搞笑的西裝和朋友打鬧，只有制服、一堆雜務、難吃的食物和不停地打籃球。來到雪城大學，將能讓我的生活回歸至某種程度的正常狀態。我之前很希望自己有時間在夏天和朋友見面，但每天不是要打ＡＡＵ的比賽就是要訓練，而大家的生活步調也都越來越快。如今的杜克正在想自己在高中畢業後要幹什麼，肯尼則已經被緬因中央學院（Maine Central）錄取，之後也會在那裡打球。因此，我覺得自己就像是來到了個新世界，但就像是我接連適應了在巴爾的摩與橡樹丘的生活，我知道自己也會在雪城大學調適得很好。

我還沒有到雪城大學前，還不知道自己是不是做足了在大學球壇上打球的準備，但我也真的相信自己在橡樹丘高中的經歷足以幫助我在雪城大學迎接挑戰。橡樹丘高中擁有全國最優秀的高中籃球選手。那裡激烈的競爭、艱苦的訓練以及身邊同一時間有著這麼多天賦過人的球員所帶來的刺激，消除了一個孩子在進入NCAA的一級大學時通常會有的各種擔憂。我知道我在雪城大學會得到一批出色的戰友，但我在橡樹丘高中的隊友們也一樣是優秀的球員。巴爾的摩這座城市知道我很優秀，在羅伯特．C中心有望成為後起之秀的孩子們、我的媽媽、我的手足和阿貝，都相信我能成功。只要我知道自己的長處與短處、繼續腳踏實地，就不會讓排名第一的炒作有機會把我變成另一個人。

阿貝花了很多時間告訴我，球迷和酸民是如何撕裂了巴爾的摩的運動選手。在選手們表現出色時，這些人會把他們捧上雲端，但在選手們跌落神壇時，也會被這些人批評得一文不值。我看到許多巴爾的摩的籃球選手，從大學爭相招募的球員淪落為在街頭賣毒品或糖果的小販。一個身高六呎七吋的人站在街角賣東西，你知道這個畫面看起來有多瘋狂嗎？或者他們可能會成為在垃圾車上收垃圾的清潔工，也可能會在運動中心附近漫無目的地走著，談論自己昔日的光榮時刻。很多時候，他們甚至不是因為自己犯錯而失敗的，只是聽從了他人的錯誤建議，而這些人大都是想利用他們、不會在他們犯錯時要求他們扛起責任、一味地把他們當成神崇拜的人。我下定決心，不會讓這種事情發生在我身上。你讓他們在你贏得勝利時把你抬得越高，你跌下來時就會摔得越重。看到幾個這種人的生活方式，讓我更加專注於致力成為最好的自己，並藉由一場接一場的比賽往這個目標前進。

在我剛與雪城大學簽訂入學意向時，有些人會說一些像「你為什麼要去雪城？他們只會打區域聯防！你為什麼想去那裡？他們培養不出職業球員！」之類的話。我都無視他們，而他們會繼續說。「唷，你應該去一間更強的學校或做別的選擇！難道你不想成為職業球員嗎？」

現在，請記得，會說這種話的人，都是那些自己當不上職業球員的人。我不知道他們怎麼有能耐對我的人生下指導棋，但他們覺得自己有權嚴厲地批評我。我記得有個陌生人在星期五美式餐廳拉了張椅子在我身旁坐下，對我說：「你為什麼選擇雪城大學？為什麼不去北卡大？為什麼不選ＡＣＣ聯盟的學校？我真的很想知道，也需要知道為什麼！」

在那時，我已經學會無視這些人，但我還是決定回答了。我告訴他：「我想去一個屬於我的地方，一個我可以留下一些成績的地方。他們之前從來沒有贏過冠軍。如果我打得好，加上我的隊友也繳出好表現，那麼誰知道呢？我們可能會成為史上第一人。」

這傢伙以不敢置信的表情回瞪我。很多真心話在被外人聽到後，會讓他們覺得你是不是瘋了。雪城大學對我而言是最好的決定，他們從我還在陶森天主教高中時就一直在支持我。我是個講誠信的人，所以一旦我對雪城大學說了好，就不會再對別的球隊做出承諾。很多人誤以為我當時做出的決定是基於可能的NBA職業生涯所做的考量。我不是。我大可直接在高中畢業後跳級挑戰NBA，但我沒有，這不是我的目標。我是真的想上大學，也是真的想為雪城大學打球。我當時壓根沒想到要成為職業球員。我不在乎別人說什麼，因為我又不是為了他們而打球。我打球是為了我自己、為了墨菲之家、為了伍迪——也是為了阿吉。

第二十八章　雪城大學新鮮人

在雪城大學的前幾個星期充滿了挑戰。我不習慣大學生活，這對我來說是個完全陌生的環境。我想我的同儕也正經歷著一樣的事情。校園是如此的遼闊，大到你必須搭乘學校的接駁車或巴士才能上課。你必須靠自己搞清楚哪裡在哪裡。沒有人會為你指路，你手上只會有幾份難以理解的導覽和地圖，但我搞定了。

我不太確定自己想學什麼。我很喜歡攝影，所以儘管我沒有選它當我的主修，還是副修了攝影。我喜歡照片、影像，也喜歡試圖捕捉它們的瞬間。我覺得自己或許可以成為像賈梅爾・沙巴茲（Jamel Shabazz）*或甚至哥頓・派克斯（Gordon Parks）†那般的攝影師。我

* 譯註：非裔美籍攝影師，以拍攝城市街頭文化、紀錄少數民族聞名，也成長於雷德胡克區。
† 譯註：美國傳奇攝影師，以捕捉種族與社會議題的攝影作品聞名，主題多半為民權、非裔美籍人士。

可能會捕捉一些我那個社區的人們玩骰子、刮掉保冰杯上的冰、綁辮子、打拳擊、跳花式跳繩、拋球撿珠*或單純閒逛的畫面。我不知道巴爾的摩有沒有拍攝街頭文化的攝影師，說不定我可以在大學畢業後回去，並成為我們這個世代中的第一人。

我的隊友們都很酷，我從一開始就在盡可能地了解他們，他們也在試著了解我是個怎麼樣的人。有些人可能會以為我是個傲慢的人，因為我是全國首屈一指的球員，但事實並非如此。我並沒有很重視這個頭銜，也沒有因此養成了驕傲的性格。我只想開開心心地來這裡訓練、打球，而不是來這裡發號施令。我很高興能來到這裡，成為他們努力打下的基礎中的一部分。

我第一個搭上線的隊友是喬許・佩斯（Josh Pace），他和安德魯・庫伊（Andrew Kouwe）住在校外。他們是大二生，住在一棟有三間臥室的公寓。庫伊還有車，這讓他們在這裡過得游刃有餘。庫伊會開車載幾個學長去上課，也會跟我們這些低年級生打交道。他們在這裡已經是熟門熟路，知道哪裡可以開派對、輕鬆地玩樂，知道可以去哪裡買東西，對這座城市瞭若指掌。我很高興能和他們一起玩，因為我是剛來這裡的新鮮人，沒辦法拜託他們開車載我去上課或買東西，但我會和他們一起閒晃，並從他們身上學到一些在雪城大學生活的訣竅。他們開口講話，我就會專心地聽。他們把大學生活過得多采多姿，對像我這種的孩子來說，也是個很棒的榜樣。

當時我想去別的地方，還是得靠搭公車。平時的我，就像是一頭被車頭燈照到後嚇呆的鹿，一頭驚慌失措、六呎七吋的鹿。沒有朋友可以依靠的我舉目無親，因為我還沒能深入認識球隊裡的任何人。除了我的課表需要熟記之外，我真的沒有什麼其他要記在腦子裡的安排。大多數時間，我都過著形單影隻的生活，獨自思念著我的家鄉。一開始在迎新活動中我遇到了一些很酷的新朋友，然而隨著新學期的課程開始後，我就沒有再見過他們了。我有點擔心，希望並祈禱不會一整年都是這個樣子。

在巴爾的摩有個特點是你總是必須被迫接受一切，事情總是會朝著最壞的方向演變，你只能硬著頭皮處理它們，沒有其他選擇。對窮人來說，選擇是一種奢侈。這種心態讓孤身一人逐漸成為常態，我剛來到陶森天主教高中時，就一直是一個人。我剛來到道格拉斯高中和橡樹丘高中時，也是一個人。我當個獨行俠也沒問題，我以前就是這樣，都沒有什麼問題。我會自己一個人去商店、體育館、電影院甚至餐廳打發時間。隊友們看到我時，常用覺得我

＊ 譯註：Jacks，玩法是先拿球拋向空中，接著盡快在球第二次落地前撿起一或數個通常有六個尖角的計分物體，並再次抓住球。是個考驗對球的控制和反應速度的遊戲。

是不是瘋了的語氣問：「你他媽的怎麼會跑來這裡？你和誰一起來的？」

「我自己來的。」我如此回答，也對這麼回答的自己很滿意。

我總是必須學會如何在最惡劣的環境中過得自在，這是我人生中的特性。這是一種生存技能，也是絕對必要的技能。如果我沒辦法適應，那麼就可能會被孤獨感吞噬。然而我不僅沒被吞噬，還駕馭了它，並找到了屬於我的群體。而我被吸引到了我最熟悉的地方，也就是街頭。

我的室友比利．伊德林（Billy Edelin）來自華盛頓特區，是一名優秀的後衛。他已經融入了雪城大學校外的社區。我們學校附近有個叫做先驅之家（Pioneer Homes）的小型住宅區，他認識了住在裡面的一些人。有時候他甚至會帶他們來我們的房間玩。我會和比利變熟，是因為他也曾待過橡樹丘高中。他有點瘋，常常拿華盛頓特區和巴爾的摩來進行比較，我們也總會因此大笑出聲。我開始藉由比利認識他們，甚至有時比利不在，我也會和他們待在一起。比利在某方面跟狼哥滿像的，也是個真人版的《威利在哪裡？》。他今天還在這，明天就不見了，你永遠不知道他下次會出現在哪裡。比利有時會消失好幾天，我以前就曾連續去了好幾個社區找他，邊找邊說：「唷，你該回來了，大家在找你！」

於是我開始會和比利的朋友一起去先驅之家，比利常常不在，這些傢伙也因此成了我的朋友。他們介紹我去一個小市場，我可以在那裡買到噴漆彩繪上衣、襪子、內褲、帽子等等。我也常常和這些傢伙一起打籃球、一起玩、互噴垃圾話，我也因此逐漸了解了雪城這座城市。同時，我也和他們分享和巴爾的摩有關的事，以及我們在那裡過著什麼樣的生活。當然，他們問了我有關《火線重案組》影集的事，我也很高興地告訴他們，這齣戲是在我住的社區、以我們社區為基礎拍出來的，它講述了社區住民們的故事。我甚至每天上學都會經過在第一季出現的那張沙發，它就在社區中間，要不經過也難。我開始在先驅之家越來越自在。我會在下課後、練習前去那裡散步、和社區裡的人們聊天，並向當地的長輩吸收經驗。

隨著日子一天天過去，先驅之家成為了我的第二個家。不久後，我閒逛的地點從學校轉移到了這裡。我在先驅之家找到了家和家人，這對我來說是件好事，而這種情況一直延續到了球季開始。

第二十九章　籃球季

我從一開始就和我的隊友們處得不錯，因為我們有機會在開放的體育館一起訓練和打球。然後，隨著球季開始，籃球成為了人們的重心。越來越多人關注球隊，他們研究我的背景、我在橡樹丘高中時的表現以及我的排名。突然之間，我的名字以瘋狂的速度提升了知名度，每個人都開始對我產生了一份額外的關愛之情。他們總是說我是校園裡的新風雲人物——是個高手，是個超級球星，是個能帶領球隊走向巔峰的人。

這種興奮的情緒不斷升溫，超越了學校的範疇，社區裡的人們也開始對我在球場上的表現有所耳聞。關於我和球隊的傳聞迅速地傳播開來。身為一個從底層出身的人，我從未忘記，任何你熱愛的事物都有可能在一瞬間被奪走，樂極就有可能生悲。我從來不讓自己對新的事物投入太大的熱愛，別誤會，雪城大學是真的很有活力，每個人團結在一起讚美你們這支球隊的感覺，是無法用言語表達的。只是，我記得自己在阿吉說要搬回巴爾的摩時也曾經擁有過這種難以想像的喜悅之情，然後它一轉眼就消失了。不要惹上麻煩，卡梅羅。認真打球、管好自己的事、專注在當下的比賽，我在籃球生涯中最神奇的一年，不斷地對自己這麼說。

不用說，我在學校中再也不孤單了。我們改變了整個學校，贏得比賽、受邀參加所有的派對、得到了教授、校友和行政人員的公開致意。這是我在目前稱不上長的人生中活得最像帝王的時刻，我原本是個在公車上還在找自己要去哪的傢伙，現在搖身一變成為一個大人物、成為學校裡最受歡迎的人。

我把自己當成一個能將大家團結在一起的平台，我一向不喜歡看到有人被欺負或霸凌。如果有人被大家說是肥宅，我就會邀那些肥宅來參加最夯的派對，讓大家都玩得開心。我不在乎你在人們的眼中是流氓、青年牧師還是學校裡最棒的籃球選手，我會盡我所能地將大家連結在一起，不會讓任何人覺得孤單、受冷落或遭人排擠。在大學，我們都已經過得很有壓力了，因為我們大多數的家人和朋友都遠在千里之外，所以每個人在這裡都應該要獲得一段愉快的時光，能夠和大家開開玩笑、享受自己在這裡的生活，而我就扮演了實現這件事的角色。

從那時起，我在人們的心中成為總是面帶微笑、開開心心並希望每個人也都開心的梅羅。我選擇用感謝、快樂、對周遭的一切感到知足——並不斷地為我身邊的人們帶來快樂，作為我與憂鬱對抗的方式。身為一個來自巴爾的摩或其他類似地區的黑人，你和同伴們會比其他族群經歷到更多的分離。我們沒有餘裕能把活在這個世界上當作理所當然的一件事，我們必須享受當下。就算不是為了自己，也該為了那些永遠沒辦法得到這些機會的人們這麼做。阿吉和伍迪本來也可以在校園裡四處探索、享受樂趣，所以為了他們，我必須更認真地體驗每一刻。

我一直與墨菲之家保持著密切的聯繫。我在籃球方面取得的成就引起了全國的注意，但我從未因此而減少關注默特爾大道上的任何風吹草動。我們當時還在用大哥大打電話，所以我整天都在用這玩意打電話給我的朋友們，關心他們過得怎麼樣、確定他們是不是過得很好。他們會來看我比賽、關心我，也會和我在校園裡一起玩。

我來到雪城大學時，大哥狼哥也搬來了巴爾的摩，我很高興他能住得離我媽和我姊這麼近，因為她們很擔心他。現在我可以更常看到他了，以前他住在紐約時，媽媽和姊姊常常為他跑得太遠而操碎了心，在巴爾的摩，狼哥住得離家人們比較近，她們可以就近照顧他。最棒的是，我來紐約州讀書，就可以和賈斯重聚。我一直需要有個大哥的陪伴，出獄的他可以開開心心地來看我比賽，並扮演這個角色。

賈斯會開車來觀看我每一場在雪城大學的比賽，如果比賽在康乃狄克州（Connecticut）舉行，他也會到場支持我，確保我一切安好。在我能休息時，我會去紐約市和他見面。他會帶我去德蘭西街（Delancey Street），買Avirex牌的皮衣和Pelle Pelle Soda Club的夾克。我們填補了許多浪費掉的時光，我找到了另一種不同的平靜。賈斯對百分之五民族的宗教信仰深信不疑，也自豪地將它的教誨傳授給我。

在紐約，和賈斯同輩的人們大都堅信百分之五民族。這個宗教是由克萊倫斯・史密斯（Clarence Smith）創立，他後來以克萊倫斯十三X（Clarence 13X）的名稱為人熟知，也被追隨者冠上阿拉（Allah the Father）的稱號。百分之五的人們知道上帝是人的兒子、將此傳達給其他人的教育者，他的信仰哲學以這個理念作為基礎。在你真正地了解自我時，就能達到百分之五民族的水準。百分之八十五的人們迷失了自我、困惑並被封閉的思想且受限的思路所奴役。剩下的百分之十，則是富有的惡魔，他們對我們操弄並欺瞞了上帝是誰、是什麼的真相：上帝其實是地球的原住民，也就是亞洲黑人（Asiatic Blackman）。需要消化的資訊實在是太多了。了解我的兄弟並明白他為什麼對這些思想如此堅信，讓我想進行更深入的探索。身為一名黑人，我常常覺得自己被這些由富人所領導的機構塑造成妖魔鬼怪，像是陶森天主教高中的副校長。我的哥哥教導我，我正在做自己該做的事，也就是做自己、愛自己的家庭與自己的根源。而副校長也只是在做他該做的事，亦即成為那欺騙我們的百分之十。

一開始，克萊倫斯十三X是麥爾坎．X的學生，但他離開了伊斯蘭國度（Nation of Islam），建立了自己的宗教並進一步發展出自己的信仰和思想。他相信黑人男性就是上帝，而黑人女性則是地球。他研發了一種複雜的數字命理學，稱為至尊數學（Supreme Mathematics），每個數字都有一個含義。例如，如果今天是這個月的二十六日，那麼數字二代表智慧，數字六代表平等，也就是說當天的數字命理是「智慧平等」。至尊數學與解釋十三X教義的一百二十堂課正好相符。教會我至尊數學和這些教義的人就是賈斯，因為要學會這些事的唯一方法，就是求教於另一名百分之五民族。我們在紐約的路上，賈斯跟我介紹了很多百分之五民族的信徒。這些街頭的傳奇人物和知名的饒舌歌手會走向我的哥哥，並開始說明這些數字命理。這真的太棒了，讓我感受到自己歸屬於某個比我更大的群體。這一切深深地吸引了我。

哥哥重新回到我的身邊令我多了一份信心，這是一份我並未尋求卻迫切需要的信心。我們變得前所未有地親密，我也熱衷於讓賈斯更瞭解籃球的世界。他花了很多時間教導我關於認識自己的知識，現在輪到我有機會帶他認識一個正被我主宰的世界。有了賈斯在身邊，讓我覺得自己勢不可當。現在我唯一缺的就是一台車。諷刺的是，我其實有一台車，但它在巴爾的摩。

那是一台一九九八年的克萊斯勒協和汽車，它有個綠黃蜂（Green Hornet）的綽號。我愛那台車，也愛它被磨平的輪胎與拼裝上去的CD播放器（用轉接器插進車子主機的插槽，就可以把攜帶式CD播放器連上主機）。一開始用這種方法來放音樂有點彆扭，但你學會後就會喜歡上這種方法，或至少我喜歡上了。我在學期開始的一場拍賣會上買下了這台車，然而我把它留在巴爾的摩，我當時沒有想到我在來到雪城大學後會有用得到它的時候，這裡的每個地點都離得好遠。所以我做出了一個明智的決定，就是在聖誕節期間回家後，把綠黃蜂開回學校。

我們剛剛和喬治城大學打了一場比賽，我的表現非常亮眼，棒到讓《今日美國》寫了我的報導，還放上了我的照片。在這場比賽後有四天的休息日，所以我離開華盛頓特區並直奔巴爾的摩的家，和我的媽媽、姐姐與哥哥們過節。我們一如往常地度過了一段愉快的時光，但我不得不離開，因為我們還有下一場比賽要打。

「天氣預報說會下很大的雪，卡梅羅，」我媽說，「你確定要冒著大雪開車回去？」

「沒事啦。」我跟她說。

當然，媽媽是對的，媽媽一直是對的，但那時的我是個年輕人，太衝動了，我真的很想開車，也做好了開車的準備。就算我出門後發現我的車沒有輪子，也會想盡辦法把它開回雪城大學。

巴爾的摩的雪我已經習以為常，但雪城的雪會下得超出你對雪的認知——多不可測、多得誇張、多到驚人。就算雪積到三十英吋高，老師也不會停課，這些暴雪對他們來說早就是稀鬆平常的現象。我把車開進其中一個暴風雪的中心，而我甚至還沒開到雪城，就在賓州斯克蘭頓（Scranton）遇到了障礙。

我把這車開進暴風雪，用被磨平的輪胎在山丘與山脈間滑行。我打開了插在從百思買（Best Buy）買來的卡座上的ＣＤ播放器，反覆播放著《Doe or Die》專輯裡一首納斯和ＡＺ的單曲《Mo' money, mo' murder, mo' homicide》，只有偶爾暫停一下，聽聽當地的廣播電台有沒有提到關於暴風雪的消息。原本一路上都沒從收音機聽到什麼事，然而它發出了「警告，警告，警告，警告！」的聲音，警告前方禁止駕車。

由於前方的道路封閉，一長串的汽車停在路邊。我盡可能地坐在那裡、保持冷靜，聽著那首《Mo' money, mo' murder, mo' homicide》。有段時間，歌詞幫助我忘記了當下有多冷以及我被困在這裡的現實，我一直堅持著，直到我再也坐不住了。幸運的是，他們解除了封鎖，於是我就繼續開車，開到我實在開不下去為止。在我前往最近的旅館的路上，我一直懇求我的車爭氣一點、別讓我失望，也因為這樣，我窮到吃土、身無分文的事實逐漸被我淡忘了。

這家旅館距離高速公路出口好幾英哩遠，但我成功抵達了。或許我可以在車裡睡一覺，等暴風雪遠離，我心想。我試著睡覺，但天氣冷到我睡不著。於是我走進旅館，走向一個看起來年約三十歲、像是個技師的白人男性。我老老實實地告訴他，我沒錢，但如果可以讓我待在商務中心、等暴風雪過去，我會非常感謝他。

「我愛莫能助，老弟，我沒辦法讓你待在商務中心一整晚，」這名接待人員說。「而且我們的房間都訂滿了。」

別無選擇的我只能問：「我可以借一下廁所嗎？」

「好啊，當然可以。」

於是我就去了廁所，同時絞盡腦汁地想著下一步該怎麼辦。我理解到自己唯一的選擇就是盡可能地保持超級友善的態度，看看會不會有好事發生。我走出廁所後，接著往櫃台走了過去。

「老弟，真的沒辦法，房間都被訂滿了，很抱歉。」在我還沒來得及開口之前，他就對我這麼說道。

我遭到報應了。我知道自己不該在這麼大的風雪中開車，我還沒有駕照，只有實習駕駛執照。我自己清楚這是個餿主意，我的媽媽也說這是個壞主意，我應該聽媽媽的話。

「我是個好人，兄弟，我在雪城大學讀書。我只是想盡辦法地想回到學校而已。」

「我相信你是，」他說。「但真的沒辦法。你可以在這裡坐個一小時左右，暖暖身子，然後你就得走了。我不能讓你在大廳睡覺。」

那個人走進大廳內側，而我只能徬徨無助地坐在那裡。然後我看到他的桌上有一份《今日美國》，在他走回來時，我站起來並指著報紙。

「唷，你看，我向上帝發誓，老兄，這是我，這是我，就在這張報紙上。」

那傢伙把報紙拿到眼前比對，看了看報紙，再看了看我，然後再看了看報紙。

「拜託，大哥，給我一間房撐過這個晚上就好了。」

「好吧，聽好囉？我會讓你待在這裡，但你必須在日出之時離開，因為房間已經有人預訂了。我可不想讓我們的經理發現這件事。」他一邊說，一邊丟給我一串鑰匙。我猜他可能感到很驚訝，因為有許多報導在討論大學球員拿到的錢多到要推推車來裝，但出現在這裡的我卻口袋空空、掏不出半毛錢。他感覺得到這一點，所以決定幫我一個忙，而我真的感激不盡。

隔天早上，我在日出之前就離開了，遵守諾言。我快速地離開旅店、離開斯克蘭頓，回到了學校。在學校，擁有這台綠黃蜂讓每件事都變得好輕鬆。我可以上課、在先驅之家繞繞、去紐約看賈斯、什麼時候想去購物中心都可以去，我自由了。

大學生活很棒。我只不過打了幾場籃球、參加幾場派對，就讓人們因此喜歡上我了。你為一所籃球豪門學校贏得比賽時，就會受到這樣的待遇。在我們為錦標賽備戰時，就連一些以前和我在巴爾的摩的運動中心打球的朋友也會來雪城大學找我一起玩。

我以雙十的成績結束這個球季，平均攻下二十二點二分與十籃板。我們一整年都在贏球，但對酸民而言根本毫無意義。不管我打得有多好，或我們這支年輕球隊主宰了幾場比賽，酸民都不覺得我們有什麼了不起。他們會說些像是「這支球隊沒有靈魂」或是「梅羅只是個大一菜鳥，他扛不起這支球隊」之類的話。他們總是能從我身上挑出毛病，看起來也覺得我們這支球隊不可能有什麼作為。我可以理解為什麼他們會覺得我們太年輕或不夠出眾，但我不懂為什麼他們會這麼瞧不起我們的球技、活力與信心，以及我們在每次踏上球場都能令他媽的觀眾們熱血沸騰的精彩表現。

有些人甚至覺得我們在最後四強的比賽根本不是德州大學（University of Texas）的對手，我以攻下三十三分的表現回應他們，創下大一新生在ＮＣＡＡ錦標賽的單場得分最高紀錄。接下來，我在出戰堪薩斯大學（University of Kansas）的比賽中延續了好表現，攻下二十分、十籃板的雙十數據，帶領我的球隊贏得勝利。

我，卡梅羅．安東尼，一個來自墨菲之家的孩子，為橘衫軍贏得隊史第一座NCAA錦標賽的冠軍。我在得分、籃板、出賽時間、投籃命中數、罰球命中數與出手數方面都領先全隊。萬萬沒想到，我在人生中會留下一件如此非凡的成就。我甚至還贏得了錦標賽的最傑出球員獎（MOP）。我不覺得自己需要這份肯定來證明自己是個好球員，我一直知道自己很強，然而在我獲獎時，感覺還是棒極了。更棒的是，我們一次又一次地證明了那些所謂的專家是錯的。在我們割下籃網、把獎盃高高地舉過頭頂時，他們只能撤回前言、承認錯誤。

那一年，我入選了大東聯盟（Big East）年度第一隊，並以全票通過之姿獲選為大東聯盟年度最佳新鮮人以及大東聯盟最佳新秀球隊。

那些原本一整年都在質疑我的人，如今成為了我的頭號粉絲。球季結束時，我被預測將於二〇〇三年選秀的前五順位獲選。有趣的是，我當時甚至沒有想去NBA的念頭，大學帶給我的激情對我而言是最重要的事，而我計劃繼續留校。

我們在這場大勝利後辦了一場慶祝會，在舞台上，我坐在我的教練吉姆．貝伊罕（Jim Boeheim）旁邊，稍早他用「現階段大學籃球界中最優秀的球員，遠遠超越了其他選手，沒有人能在剛結束的這個球季望其項背，事情就是這樣」這番話描述我的表現。這一切發生得太快了，我還不敢相信這一切是真的。而在我們準備對媒體和球迷發言時，突然爆出了一陣呼聲：「再一年！再待一年！再一年！再待一年！」

我們剛剛贏得冠軍，沒有人能動搖我、這支球隊、這所學校的信心，因為雪城大學才剛贏得全國冠軍、震撼了全國，球迷跟我們感受到了一樣的情緒，這也從他們臉上的表情與陣陣「再一年！再待一年！」的呼聲之中展現出來。

有點哽咽的我對大家說：「我以為你們來大學都會待四年，為什麼你們說的都是再待一年？」

整個房間陷入了瘋狂。人們哭著、擁抱彼此慶祝著，感覺很像是什麼宗教活動。我說的每個字都是我的真心話。我還沒有準備要去ＮＢＡ，我才剛習慣大學生活。我的心想要留在雪城大學，我也計劃這麼做。同一個星期的幾天後，教練找我面談。

我興奮地走進他的辦公室。我以為我們要談下個球季的計劃，討論誰會加入球隊以及我們要如何連霸。

「你的下一步想怎麼做？」關上門後坐了下來的他問道。

「什麼意思？」我回答，「我會回來啊，我們一起再贏一座冠軍吧！」

「如果你不他媽的從這所學校滾出去，就會是你一生中最大的錯誤！」貝伊罕教練咆哮，「你最好別再讓我在學校看到你！你最好離開這裡！收拾你的行李，給我走！」

教練講得很清楚，他沒有在開玩笑。結束了。就這樣，我的雪城生涯到此告一段落。

我知道人們期待我宣布參加NBA選秀，我沒有天真到對社區裡的人和關注我的人們有什麼想法一無所知，我猜他們得償所願了。教練認為我已經完成了他設定給我的目標，現在是我帶著我這一身的本領往下個階段前進、把發揮空間讓給其他人的時候了。我想，他可能覺得讓我在這裡再打一年要冒太多風險，而他或許是對的。在這個產業中，大腿後肌和膝蓋骨的斷裂與碎裂，就可能讓出身貧寒的孩子損失好幾百萬美元。想像一下這個畫面，在一個從貧窮環境中長大的孩子面前，原本懸掛著無法想像的財富，但只因為受一次傷，它就憑空消失了。我看過太多這種案例，而我不希望這發生在我身上。我可不想看到自己有天走出計程車後手持拐杖並心碎地走回我母親在默特爾大道的家，並對孩子們撒一些像是「我做出了繼續讀大學而不是成為職業球員的選擇，我為我的決定感到自豪。」之類的謊。這種謊把大學講得好像有可能會消失一樣！我隨時都能回去上學，有些人到了八十歲才上過學。但沒有人能保證你可以打NBA，它不等人的。

所以我公開宣布我的大學生涯至此結束，並宣布參加二〇〇三年的NBA選秀。

第三十章　成為職業球員

我沒有在第一時間就離開學校，我還想待久一點，享受奪冠的慶祝活動。派對一場接一場地辦，我們接連慶祝了好幾個月。我們去了城鎮裡的每間俱樂部和酒吧，每個人都對我們很好。我們學校的袋棍球隊也奪冠了，我還被介紹去參加了男大學生聯誼會的社團，他們狂歡得太過頭了，他們開的派對跟其他派對完全是不同的等級。至今，想到那時的幾場聯誼會派對，我的頭還是會痛。

後來，我不得不暫時把這些事情放在一邊，因為訓練的時間到了。只有學生才有空在校園裡四處笑鬧，我要去NBA，那裡可不是小孩子打鬧的地方。那年選秀有很多大人物參加，像是我的好友、高中的籃球奇才勒布朗．詹姆斯、喬治亞理工（Georgia Tech）的克里斯．波許（Chris Bosh）、馬奎特大學（Marquette）的德韋恩．韋德以及威克森林大學

（Wake Forest）的喬許・霍華德（Josh Howard）。

各隊球探幾乎每天都把我送去各地和不同的球員參加試訓與訓練，晚上我會休息並為隔天的會面、試訓與訓練做準備。經過幾個月的訓練，NBA選秀終於要進行樂透順位抽籤，是時候來瞧瞧誰能得到狀元籤了。為了防止冠軍球隊的長期壟斷，NBA設立了樂透選秀制度。這個制度讓戰績最差的球隊有機會選到有可能成為超級巨星的潛力股，希望能藉此挽救一支在泥淖中掙扎的球隊。奧蘭多魔術隊曾經連續兩年贏得狀元籤，分別選了「俠客」歐尼爾（Shaquille O'Neal）和「一分錢」安芬尼・哈達威（Anfernee "Penny" Hardaway），這種好運讓他們在短短幾年內從NBA最差的球隊之一搖身一變為季後賽中的強力競爭者，甚至還打進過總冠軍賽。我和阿貝在巴爾的摩看了這次的樂透抽籤，想看看能不能看出哪支球隊有可能選中我。記住，人們都說我在前五順位就會被選上。我們認為哪支球隊最需要有我這種技術的球員，就最有可能成為我未來的去處。

我們看著標有NBA球隊隊徽的乒乓球在電視畫面中彈跳、舞動著。克里夫蘭騎士拿下狀元籤，我們知道這對騎士而言是美夢成真，勒布朗來自阿克倫，這將有如一場盛大的返鄉派對。底特律活塞拿下榜眼，我知道他們對我有興趣，所以我開始想像底特律成為我新家的畫面。此時，勒布朗來電，然後我恭喜了他，因為全世界都知道他要去克里夫蘭了。他也恭喜了我，我們開玩笑說底特律和克里夫蘭有多近，還在同一個分區，所以我們在球場下就可以常常一起出去玩，在球場上也能擦出激烈的火花。

活塞當時正在和七六人打季後賽，所以阿貝和我決定開車到費城看比賽。我在賽後得到了進入休息室和賴瑞・布朗（Larry Brown）見面的機會，他當時是費城的總教練，但已經私下做好了要在隔年接下底特律總教練一職的安排。當時的我在這之前對這件事毫不知情，但能見到賴瑞・布朗真的讓我很興奮，而且能見到我似乎也令他看起來很興奮。他緊握著我的手、注視著我的雙眼，然後表示：「我們會用榜眼籤選你，我對你保證。你是最棒的球員，不用動大腦都知道要選你。我已經等不及要和你一起打拚了！」

在我與布朗碰面後不久，底特律開始寄一些裝備給我：球衣、上衣、球鞋和一顆NBA專用球，讓我可以先熟悉一下手感。他們甚至還送了我一套印有活塞隊隊徽的天鵝絨運動服。我和家人們開始計劃要住哪裡比較好，前景看起來一片大好。

我全心地投入於看影片、加倍努力訓練、為成為一名活塞成員做準備。然而接下來我開始聽到底特律對一個叫達爾科・米利希奇（Darko Miličić）的傢伙有興趣的消息。我向身邊的人探聽他的相關資訊，然而沒有人知道他是誰，但顯然底特律看上了他，也在進行他的試訓。我開始懷疑自己，在想為什麼他們想要為他進行試訓。是我有什麼問題嗎？他們聽到了什麼消息？我們開始打電話，想找到他在哪裡，這樣我就可以和他一起進行試訓。我想看看他有什麼能耐，但底特律真的保密到家，他們不想讓任何人知道他們在考慮另一名球員。布朗和活塞一直帶著他移動到各地，讓他消失在每個人的視野之中。沒有人看過他打球。我後來才知道他來自塞爾維亞，也被預測會在前五順位被選上。我還是認為底特律會選我，畢竟我以超級新鮮人之姿來到雪城，並帶領我的球隊贏得冠軍，寫下歷史新頁。而最重要的是，賴瑞・布朗曾經注視著我的雙眼且掛了保證。我很看重誠信，這對我來說很重要。身為一個人，最重要的就是應該永遠以誠信待人。

二〇〇三年NBA選秀在麥迪遜廣場花園舉行，場面很壯觀，有數不清的照相機、人群和螢幕。每個人都面帶微笑，因為他們知道，許多家庭的苦日子將在今晚之後告一段落。到處都是身形瘦長、看起來有八呎高的黑人球員。我的家人們全都跟我一起來了，賈斯和狼哥甚至還穿了硬底鞋，我從來沒看過他們穿這種鞋過。他們臉上有光的表情，讓我更為自己感到驕傲了。隨著典禮開始，每個人都開始找個位子坐下，我巧遇了勒布朗，他看了看我的穿著打扮，我也看了看他的，我們都穿著和史蒂夫・哈維（Steve Harvey）同款的西裝，他穿奶油色版，我穿的則是灰色版。我們都穿著長版西裝外套和修身到膝蓋、在小腿處微微張開、褲腳遮住鞋子的正裝長褲。我突然想起了高中時期纖瘦的我們在訓練營中與彼此較量的情形，也讓我想起這趟引領我們一同站上這個舞台的漫長旅程。

這場秀就此展開。大衛・史騰走上講台，說出了現場所有人都早已心裡有數的事：「在本次NBA選秀擁有第一順位選秀權的克里夫蘭騎士，選擇了來自俄亥俄州阿克倫、聖文森—聖瑪莉高中的勒布朗・詹姆斯。」

我看著勒布朗說：「唷，上吧！」

在人群中爆出陣陣歡呼的同時，勒布朗準備走上講台。這時，他看著我，接著說：「下一個就輪到你了！」我跟他碰了一下拳頭，然後他走上台，拿到了那頂有騎士隊徽的帽子並與主席一同拍下那張經典的照片，然後高高舉起了他的球衣。

距離進行下一個順位的選擇之前，有幾分鐘的時間。在我等待的同時，我接到了經紀人的電話，他說：「唷，底特律要選達爾科・米利希奇。」

「三小？我的家人、媽媽、姊姊、哥哥們都來了！他們都覺得我們要去底特律了！結果他們選了達爾科・米利希奇？現在是怎樣？」

我受傷了，我當下是真的很受傷。我當下差不多都在想著：該死，賴瑞・布朗當面對著我撒謊嗎？他是那種能在你面前面不改色地撒謊的人嗎？他的意見被駁回了嗎？他為什麼翻臉不認帳？這樣不會有什麼後果嗎？是我有問題嗎？達爾科真的有比我好這麼多嗎？如果是這樣，那麼為什麼大家都沒看過這傢伙？布朗不會幹出這種事的，他是個超級好的人。我敢打賭我的經紀人現在也很困惑。我以為我會去底特律。

「在本次ＮＢＡ選秀擁有第二順位選秀權的底特律活塞，」史騰宣布，「選擇了達爾科．米利希奇！」他還說了些其他的資訊，但我此時眼前一黑，什麼事都聽不進去了。

我的心宛如沉到谷底，我的思緒則飛回了我的幼年時期。阿吉和我，或者是肯尼和我，或者是只有我一個人，在人行道上拍打著我的斯伯丁（Spalding）籃球，模仿著狼哥打球並發明更多胯下運球的新招。成為墨菲之家代表隊一員的我，在去球場的路上時常練習著更多的動作和精進我的技巧。在四周都是五顏六色的瓶蓋和碎裂的注射針筒的水泥地上，我搖擺著身軀在對手間穿梭時，總是拚命奮戰、全心投入。每一次我在洗完球後開始比賽時，都承受著母親的痛苦與迪克的憤怒，背上則扛著滿滿的不安定因素。我們在沒有籃網的籃框下，打著每場先得十六分者勝、如果你膽敢喊對方犯規就會被狠狠修理的比賽。我喜歡這種感覺，因為我不需要任何施捨。我沒有在高級體育館打球、沒有訓練師的指導，甚至也沒進行任何飲食控制，我是吃糖果長大的。我看著販毒者在場邊賣毒給毒蟲們，兩組人馬都會在球場兩側觀看場上的比賽。他們都曾是高手，但後來受了傷、招人怨恨或從來沒得到過機會，讓現在走錯了路而一事無成的他們在我為了贏得對手的認可而浴血奮戰時，只能在場邊對我與我的球技品頭論足、指指點點。這就是西巴爾的摩的現實。

西巴爾的摩是一個頂尖球類運動選手在街頭遭遇的風波與他們在球場上的故事一樣精彩豐富的地方。高高瘦瘦、像我這樣的樂透區新秀或是那些脖子粗壯、準備好打NFL的青少年聚在一起深入討論誰被射殺了、誰是告密仔還有誰又賺了一筆錢，在那裡不是什麼稀奇的場面。我們已經適應了這種環境，因為就算我們在體育的領域中是足以名列於排行榜中的人物，我們還是覺得自己很有可能無法在這裡翻身。在巴爾的摩，成為一名頂尖的運動選手沒辦法像在大多數的地方那般拯救你。在我們這裡，有些頂級的潛力新星在有機會來到NFL的體育場中大放異彩或與大衛．史騰握手之前，就成為槍下亡魂了。

對像我這樣的巴爾的摩孩童而言，打進NBA便代表著你要成為全世界最強的四百五十三名球員之一，在美國，要從與大約五十四萬一千名高中運動選手、十六萬六千名AAU球員和三萬兩千名大學球員的競爭中脫穎而出。如果你還得考慮和全世界競爭，那麼你的競爭者將有著數以百萬計的規模。除了機率問題之外，你在達成這些成就的同時，還得讓自己不會遭人殺害。我不只在更高大的防守者、更頑強的對手間運球穿梭，還得擺脫貧窮、毒癮、槍擊和未消弭的痛苦。我必須戰勝自己的過去和影響著全家人的創傷。和從雷德胡克區與巴爾的摩活著長大成人相比，籃球簡單多了。但我做到了，我來到這裡，並且沒有依靠他人的施捨、賺人熱淚的故事或有個知名的老爸。我靠的只有我自己、我的家人和支持我的人。布朗想選誰就選誰吧。我光是能來到這裡，就已經戰勝了遠超任何一位教練所能想像的困難。我成功了，我吸一口氣，我屬於這裡。

史騰走上講台。「在本次NBA選秀擁有第三順位選秀權的丹佛金塊，選擇了出自雪城大學的卡梅羅．安東尼。」

我的胸口彷彿凍結了，群眾瘋狂地歡呼。在我從座位走向舞台的一路上都看到他們在尖叫，但沒有任何聲音傳進我的耳中。

我微笑著走向史騰，緊緊握住他的手，並把金塊球帽戴在我的辮子頭上。我來到這裡了，阿吉，我們做到了。讓故事開始吧。

致謝

感謝所有把我養大且跟我經歷過這些故事的人。感謝我的母親瑪莉・安東尼、兩位兄長羅伯特、威爾佛德・安東尼（Robert and Wilford Anthony）與我已逝的姊姊蜜雪兒・安東尼。感謝「阿貝」羅伯特・佛雷澤、「蒙克」泰內爾・鄧克利（Tynell Dunkley）、肯尼・麥納（Kenny Minor）與鄧泰・德拉普爾（Dontaye Draper）。感謝所有幫我回憶起這些故事的人——D・華特金斯（D. Watkins）、西蒙與舒斯特公司（Simon & Schuster）出版團隊、阿薩妮・史旺（Asani Swann）、崔西・蓋奇（Traci Gage）、斯蒂芬妮・瓊斯（Stephanie Jones）、賈桂琳・瑞利（Jaclyn Reilly）和克里斯蒂・葉絲（Kristi Yess）。

入魂 28

明日何在

卡梅羅·安東尼回憶錄

Where Tomorrows Aren't Promised: A Memoir of Survival and Hope

作者　卡梅羅·安東尼、D·沃特金斯（Carmelo Anthony, D. Watkins）
譯者　李祖明

堡壘文化有限公司
總編輯　簡欣彥
副總編輯　簡伯儒
責任編輯　簡伯儒
行銷企劃　許凱棣、曾羽彤、游佳霓、黃怡婷
封面設計　萬勝安
內頁構成　李秀菊

出版　堡壘文化有限公司
發行　遠足文化事業股份有限公司（讀書共和國出版集團）
地址　231新北市新店區民權路108-3號8樓
電話　02-22181417　傳真　02-22188057
Email　service@bookrep.com.tw
郵撥帳號　19504465 遠足文化事業股份有限公司
客服專線　0800-221-029
網址　http://www.bookrep.com.tw
法律顧問　華洋法律事務所　蘇文生律師
印製　韋懋實業有限公司
初版1刷　2023年11月
定價　新臺幣450元
ISBN　978-626-7375-21-1
EAN　8667106516563

國家圖書館出版品預行編目（CIP）資料

明日何在：卡梅羅·安東尼回憶錄／卡梅羅·安東尼（Carmelo Anthony），
D.沃特金斯（D. Watkins）著；李祖明譯. -- 初版. -- 新北市：堡壘文化有限公司
出版：遠足文化事業股份有限公司發行, 2023.11
　面；　公分. --（入魂；28）
譯自：Where tomorrows aren't promised : a memoir of survival and hope
ISBN 978-626-7375-21-1（平裝）

1.CST: 安東尼(Anthony, Carmelo, 1984-)　2.CST: 回憶錄　3.CST: 職業籃球
4.CST: 運動員　5.CST: 美國

785.28　　112016933

一月大的梅羅寶寶。

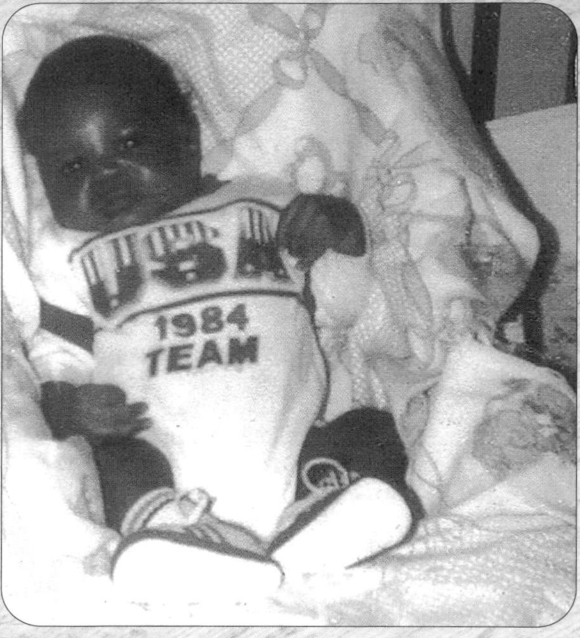

照片來自：瑪莉·安東尼

照片來自：瑪莉·安東尼

打扮得整整齊齊的一歲男孩。

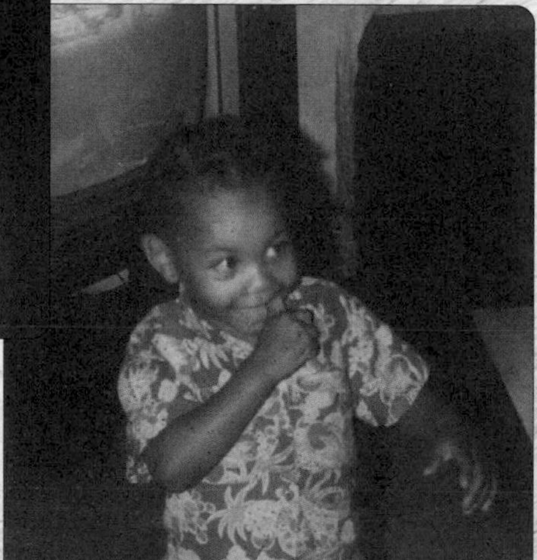

照片來自：瑪莉·安東尼

一歲半的快樂小子。

照片來自：瑪莉・安東尼

為拍攝家庭照盛裝打扮，
兩歲。

和我的母親瑪莉、姐姐
蜜雪兒與哥哥賈斯拍攝
的家庭照。狼哥人咧？

一九八九年，PAL Miccio 啟蒙學校的班級合照。

一九八九年，PAL Miccio 啟蒙學校
在雷德胡克區舉辦畢業典禮。

照片來自：瑪莉・安東尼

一九八九年，和我的教父Bum Bum在啟蒙學校畢業典禮合照。

照片來自：瑪莉・安東尼

一九八九年，我緊握著自己的啟蒙學校畢業證書和獎狀。

照片來自：瑪莉・安東尼

一九八九年，學前班攝影日。

一九八九年，PS 27學前班班級合照。

照片來自：瑪莉．安東尼

在皇家山頒獎晚宴中獲獎。

在皇家山頒獎典禮後和我的姪子韋恩（Wayne）和他爸一起慶祝。

照片來自：瑪莉．安東尼

照片來自：瑪莉．安東尼

在皇家山頒獎晚宴和我的媽媽瑪莉、姊姊蜜雪兒合照。

照片來自：瑪莉・安東尼

和麥迪遜活動中心的隊友來參加在迪士尼體育大世界體育館（Disney's Wide World of Sports）舉行的AAU全國錦標賽。

照片來自：瑪莉・安東尼

我是兄弟守護者嗎？和我的哥哥賈斯、狼哥和表兄弟塔瓦瑞斯（Tavares）合照。攝於阿吉遭殺害的夜晚。

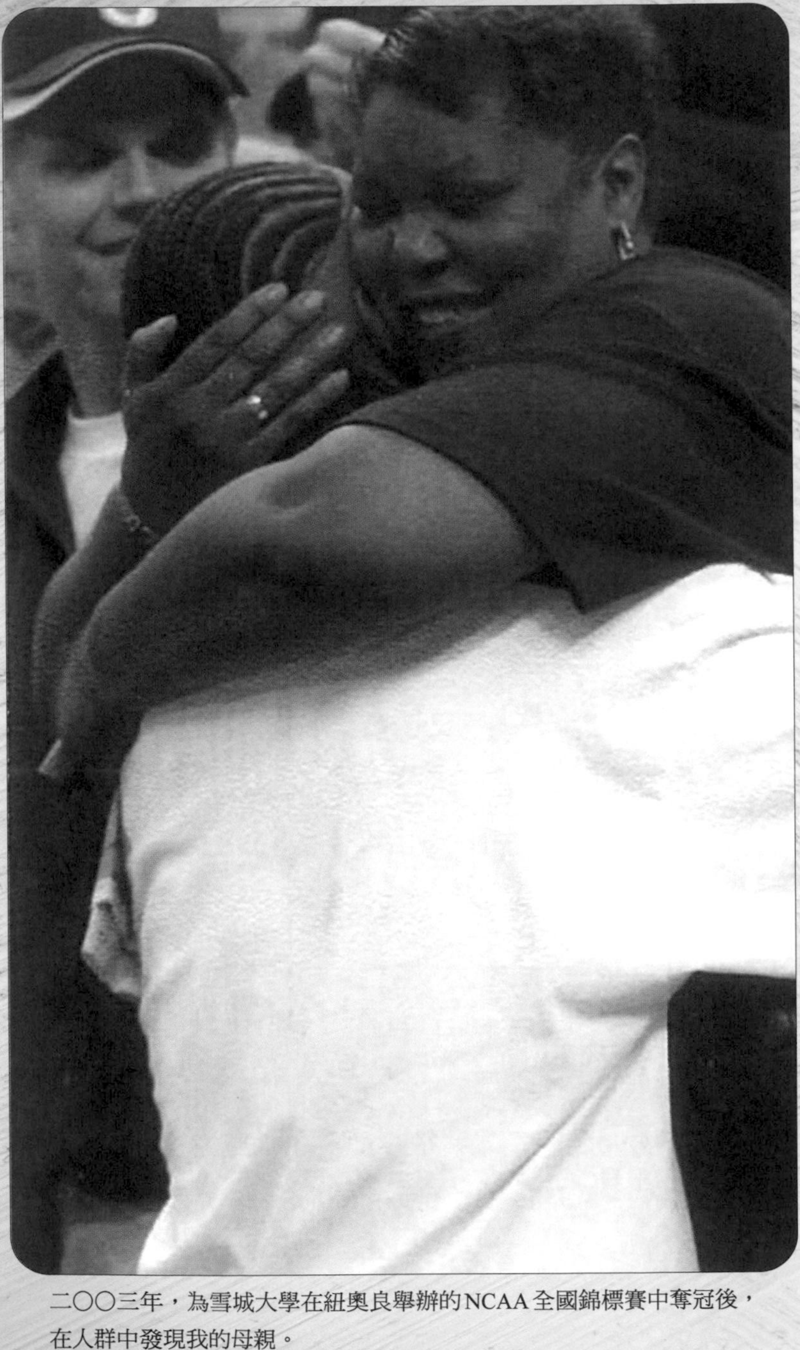

感謝瑪莉・安東尼提供配圖

二〇〇三年，為雪城大學在紐奧良舉辦的NCAA全國錦標賽中奪冠後，在人群中發現我的母親。